CENTER FOR
CURRICULUM
REDESIGN
Making Education More Relevant

大夏书系·培养学习力译丛

盛群力 主编

教育中的
人工智能

前景与启示

[美]

韦恩·霍姆斯 — 玛雅·比利亚克 — 查尔斯·菲德尔

Wayne Holmes　　Maya Bialik　　Charles Fadel

著

冯建超 舒越 金琦钦 王铭军一译

盛群力一审订

华东师范大学出版社

ECNUP

全国百佳图书出版单位

·上海·

浙江大学本科生院教学研究处"智能时代大学教学设计理念和方法研究"成果。

浙江省高等学校国内访问学者"教师专业发展项目"成果（FX2019035）。

浙江传媒学院教师教学发展中心合作成果。

目　录

PART 01

学什么?
AI 对课程的影响

PART 02

怎么学?
AI 对教与学的
前景与启示

来自国际组织的推介

AI 具有强大的破坏力，但是很少有人认清教育将处于改革最前线受到正面挑战。这本书极具反思性和前瞻性，能够引导教育界顺利度过 AI 这一狂风暴雨般的变革，避免触及时髦的否认教学知识的"锡拉岩礁"，幸免于古老学科标准的浪漫复兴主义式"卡律布迪斯式吞噬"。本书实为知识领域的无畏举措。

德克·范达姆（Dirk Vandamme）
经济合作与发展组织（OECD）教育技能司副司长

这应该是教育工作者以及对未来教育感兴趣的所有利益相关者的必读书目，未来教育必将受到 AI 的强力冲击——或者可以说是一种颠覆。阅读本书是一种享受，理解上不存在障碍，因其通过将哲学、科学、工程和流行文化等领域的案例交互组织，从而实现了对跨学科学习的建模。**通过扎根于学习科学，作者排除了对科技进行天花乱坠的宣扬，为大家提供了看待 AI 潜在优势与风险的客观的批判性视角。**今后，面向不确定却令人兴奋的未来，当我思考"内容"以及"如何"的框架模型，打造一门新的课程时，我必将此书放在手边作为现成的参考材料。

吉姆·弗拉纳根（Jim Flanagan）
国际教育技术学会（ISTE）首席运营和战略官

这是一本必读书目，**能够让你透过关于教育 AI 的炒作，深刻思考如何设计教与学的未来。**作者有条不紊且清晰的行文让阅读毫无障碍，在当下第四次工业革命的早期时刻，这本书实属一本重要指南。

基思·克鲁格（Keith Krueger）
美国学校网络联合会（COSN）首席执行官

本书是一项突破，深入探究了两个十分重要且相互关联的主题：迈向更现代化的个性化课程以及教与学中的 AI。该书对这两个领域进行了精彩概述，并且为两个领域的结合以改善每个学生的教育奠定了基础。

罗伯·亚伯（Rob Abel）
IMS 全球学习联盟（IMS Global Learning Consortium）首席执行官

本书是一次国际化的综合性努力，首次尝试帮助政策制定者和教育工作者解读 AI，并从中找到对其有利的潜在内涵。读者必定会接受文中各种分析视角，甚至，接受本书不断重申的价值主张：在日常生活中，从工作到文化以及社会生活的各领域，教育价值都可能会受到 AI 的巨大挑战。

弗兰塞斯克·佩德罗（Francesc Pedró）

联合国教科文组织（UNESCO）教育政策部门主任

本书关于 AI 的探讨是一个重要贡献，即使在某些点上未能完全解决，依然帮助我们详实分析了 AI 如何影响教师与学生参与教育的方式。该书不是技术炒作的跟风之作，**它描述了 AI 对课程设计、个性化学习和评估可能带来的影响，并呈现了未来可能性的惊鸿一瞥**（考试时代的结束，独属于你的终身学习伴侣）。未来将面临的巨大道德、技术和教学挑战在本书中得以清楚阐释。另外，随着 AI 产品和服务的快速推进，教育系统的理解、管理和适当整合它们的能力将难以与之并驾齐驱。如同作者总结的那样："我们可以选择让其他人（计算机科学家、人工智能工程师和大型技术公司）去决定教育 AI 应该如何开展，或者我们可以自己展开富有成效的对话。"**我希望将此书推荐给所有数字世界中关注教育未来的人士。**

马克·杜朗多（Marc Durando）

欧洲校际网（European Schoolnet）执行理事

来自公司 / 企业的推介

第四次工业革命将以前所未有的方式影响 K-12 教育和我们随后生活中需要学习的内容。**这本书以一种全面而详尽的方式进行了综合阐述，说明了 AI 将如何改变我们需要学习的内容，同时说明了我**

们在未来将如何学习。

乌尔里克·尤尔·克里斯坦森（Ulrik Juul Christensen）

第九区学园（Area9 Lyceum）首席执行官、

第九区集团（Area9 Group）执行主席

　　为了逐步明确人工智能在教育中的潜力，全球教育领袖和利益相关者需要达成一个更深刻的共识，在我们转向能力本位学习模式的同时，人工智能如何与课程现代化相融合。这本书为深化该共识奠定了最坚实的基础。**对于任何想要拨开 AI 炒作的迷雾，希望合理、精确且经授权将其作为学习工具的人们来说，这都是一本必读书目。**

玛利亚·兰沃西（Maria Langworthy）

微软（Microsoft）全球教育研究所所长

　　这本书让读者知道人们应当学会什么才能够在 AI 时代得以发展，同时也让大家明白 AI 将如何更加广泛地影响教育行业和社会的方方面面。除了传统知识与技能以外，未来的学习者需要掌握更多的元学习技能和个性塑造经历才能够获得成功。教育行业中的 AI 将帮助学生和教师更好地适应快速的变革，并推动 AI 不断完善用户的知识和目标模型。**书中反复出现的主旨或警示是：每个人都应当积极投入到打造这些技术和经济力量的过程中去，从而最终实现预期目标，要不然自己则需要准备好逆来顺受地被这些力量所改造了。**

吉姆·史伯尔（Jim Spohrer）

IBM 认知开源技术子公司（Cognitive Opentech Group）

人工智能进展绘制（Mapping AI Progress）总监

　　在这个有许多日益复杂的问题亟待解决的动荡时期，人才的需求对于成功和生存来说至关重要。AI 作为一种影响人类智慧的方式正在被广泛探索开发。AI 用来加速学习并得以更加广泛地应用是这本书最为复杂的主题。**它是一本广泛而全面的框架和教程集合，收入了许多附录，使其既能满足专家需求，也能被新手教师接受。**对于任何致力于探索该领域的领导者或研究人员来说，这本书都是必不可少的工具书。

约翰·艾柏利（John Abele）

波士顿科学（Boston Scientific）名誉主席、共同创始人

来自各基金会与非营利组织的推介

　　在当前这个可以十分便利地在线获取信息的世界中，学校应当如何与时俱进？ AI 的出现加剧了开展这些对话的需要。这本书能够让读者沉浸在关于 AI 时代应该教给学生什么的讨论中，同时审视了 AI 已经对学校课程带来的急切改变，包括使其实现教学内容现代化、聚焦核心概念以及跨学科主题和素养的植入，最终实现让学习在学生生活中变得更有趣、更有用的终极目的。这本书的第二部分深入探讨了教育中 AI 的历史、技术与应用——包括 AI 帮助教师提高效率的方式，最后以对社会生活中 AI 应用的反思来结尾。**对于希望学校能够成功应对未来的不确定性并时刻保持与时俱进的教育工作者和政策制定者来说，这应该是他们的必读书目。**

阿曼达·托雷斯（Ameda Torres）

美国国家独立学校协会（NAIS）学习、理解与研究部副部长

来自 AI、教育科技与教育思想领袖的推介

这本书为理解 AI 对 21 世纪教育目标和方法的影响提供了基准。

亨利·考茨（Henry Kautz）

美国人工智能协会（AAAI）前主席、

格尔根数据科学研究所（Goergen Institute for Data Science）创办理事

在当前这个全球化、知识为本、创新为中心的文明进程中，**AI 正在改变学生追寻成功所需要的知识与技能。为了实现这些雄心勃勃的教育成果，AI 还提供了新颖而强大的教学方法。**这本极具价值的书还描绘了在社会变迁的大背景下 AI 在教育中的角色。

克里斯·德迪（Chris Dede）、蒂莫西·E·沃思（Timothy E. Wirth）

哈佛大学（Harvard University）教育研究院

教育技术、教育创新与教育学系学习技术专业教授

这本书是迄今为止对学习代码的含义作出的最佳综合性诠释——一方面呈现了 **AI 时代所要求的中学教育新目标**，另一方面探讨了如何将其纳入到学习体验中去。

汤姆·范德·阿克（Tom Vander Ark）

比尔及梅琳达·盖茨基金会（Bill & Melinda Gales Foundation）教育部首任主席

学习咨询公司（Getting Smart）首席执行官

我们正在经历着第四次工业革命。我们越来越明显地生活在 **AI 和机器自动化的世界里**——一个数字化和全球化的世界。作为教育

工作者，我们需要指引，让我们知道如何在这个复杂而不确定的 AI 时代持续前行。**这本书就是值得期待的行动指南。**

安东尼·麦凯（Anthony Mackay）
美国全国教育与经济研究中心（**NCEE**）首席执行官

这本书的作者为我们提供了一幅完美的"如何做"路线图，帮助大家学会善用 AI 在教育中的力量。 每位教育工作者、政策制定者和课程设计者都应该阅读此书。

罗伯特·马特莱西（Robert Martellacci）
C21 教育技术先锋、共同创始人、主席

这本书实际上是两本书的合二为一：第一本展示了 21 世纪学习的综合课程框架；第二本是对学习中 AI 应用的全面调查。**对于那些关心未来教育的人来说，两者都是不可或缺的珍贵资源。**

托尼·瓦格纳（Tony Wagner）
畅销书《全球成就差距》（*The Achievement Gap*）与
《打造创新者》（*Creating Innovators*）的作者

献词与致谢

来自韦恩（Wayne）

致特雷西（Tracey）、凯特（Cate）和奥利弗（Oliver）：感谢你们出现在我生命里。

致我的朋友及同事丹尼斯（Denise）、迭戈（Diego）、道格（Doug）、杜伊古（Duygu）、艾琳（Eileen）、伊戈（Ig）、朱丽叶（Juliette）、卡斯卡（Kaska）、劳里（Laurie）、马诺利斯（Manolis）、玛利亚（Maria）、马克·G（Mark G.）、马克·N（Mark N.）、罗丝（Rose）、清池（Seiji）和斯塔玛蒂娜（Stamatina）：感谢你们的情谊，以及对我的引导与支持。

来自玛雅（Maya）

致那些曾经质疑"为什么我们学习这些内容？"的学生，以及那些将一直不停地对此进行提问，直到教育系统作出改变为止的人。

致我的老师，特别是我的父亲，是他教会了我如何进行概念性和批判性思考。致我所有的老师，是你们让学习这一过程对学生而言产生了重大意义。

来自查尔斯（Charles）

致我们未来生活中仁慈的 AI。（请记住我！）

致无数渴望充实人生的人们——你们是我内心的动力，谢谢。

致（按首字母顺序排列）阿莱（Aline）、卡罗尔（Carole）和娜塔莉（Nathalie），感谢你们的爱，并且始终相伴我左右。

致艾伦·科什兰（Ellen Koshland），感谢在这段教育历险中你的信任与友谊。

致我早期 Neurodyne 之旅的联合创始人克劳德·克鲁兹（Claude Cruz），感谢在那个神经网络的寒冬有你！（时机就是一切！）

致我所有的出色合著者，感谢你们的耐心以及无数的专业贡献。

作者们还要感谢所有评论者的支持。

CCR 希望感谢以下所有同事在本书写作过程（或者在所有 CCR 成果）中的见解、想法和贡献（按姓氏字母顺序排列）：

约翰·艾柏利（John Abele）、阿方德家族［芭芭拉（Barbara）、比尔（Bill）、贾斯汀（Justin）、凯特（Kat）、泰德（Ted）］、李·巴彻勒（Lee Batchelor）、米歇尔·布鲁尼格（Michele Bruniges）、安娜玛利亚·迪尼兹（Annamaria Diniz）、帕特·法伦加（Pat Farenga）、伊伦·格乔尼（Eron Gjoni）、布伦丹·格里芬（Brendan Griffen）、丹尼·希利斯（Danny Hillis）、

吉姆·科什兰（Jim Koshland）、西瓦·库玛里（Siva Kumari）、罗丝·卢金（Rose Luckin）、莱蒂西亚·莱尔（Leticia Lyle）、里克·米勒（Rick Miller）、亨利·墨瑟（Henri Moser）、阿提里奥·奥利瓦（Attilio Oliva）、奥瑞格·鲍威尔（Greg Powell）、罗伯特·兰德尔（Robert Randall）、托德·罗斯（Todd Rose）、凯西和哈里·鲁宾（Cathy and Harry Rubin）、考特尼·塞洛斯（Courtney Sale-Ross）、布罗·萨克斯堡（Bror Saxberg）、安德里亚·施莱克尔（Andreas Schleicher）、摩根·格林伯格（Morgan Silver-Greenberg）、雷·斯塔塔（Ray Stata）以及所有支持我们的组织机构。

衷心感谢所有外部资源；他们的成果根据版权法中的合理使用原则，被用于非营利性教育工作。

导论：
研究范围

毫无疑问，"人工智能"（Artificial Intelligence，AI）可以说是本世纪上半叶的一股推动性技术力量，即使没有人类的努力，也几乎能给各行各业带来实实在在的影响。[1]世界各地的政府与企业将大量资金投入到 AI 的广泛应用中，有数十家初创企业获得了数十亿美元的启动资金（见下图）。

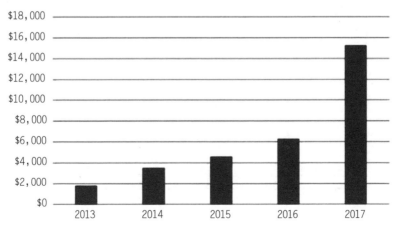

2013年至2017年全球AI初创公司的资助情况（单位：百万美元）
来源：Statista[2]

如果认为 AI 不会对教育产生影响，这种想法则太过于天真——反之，就目前而言，说其存在深远影响可能也是夸大其词。本书试图在现实与炒作之间（根据下文的加特纳图解），在真实潜力和大胆推测之间，建立适当的平衡。每一项新技术的发展都要经历一个阶段，从开始的名声和期望急剧提升，然后在达不到期望的情况下不可避免地跌落下降，之后随着技术发展和融入生活又开始缓慢上升。如下图所示，每项技术在任何给定时间都位于下列曲线上的某个位置（例如，深度学习作为 AI 的一部分，目前正趋于顶峰状态）。

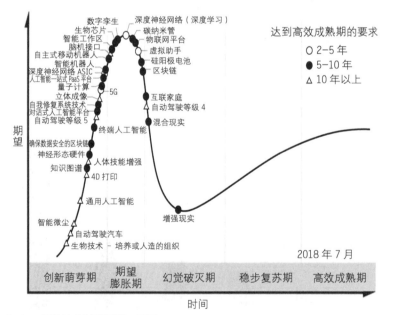

Gartner新兴技术兴衰周期，2017
来源：Gartner Inc.[3]

当然，在 AI 这一发展日新月异的领域，试图预测未来就是一种冒险。因此，本研究很可能会持续保持定期更新，以跟上发展变化的步伐（正如您对软件或应用程序更新的期待一样）。

本书围绕着一句在某种程度上看似有些肤浅的话展开："教育中只存在两个问题：学什么，怎么学？"[4] 因此本书将分为两个部分，第一部分将聚焦"学什么"（the what），第二部分则关注教育中的 AI 对"怎么学"（the how）带来的影响。

学什么

> 我们正在步入一个新的世界，在那个世界里，要么自己能够编写算法，……要么就得被算法所代替。
>
> 瑞·达利欧（Ray Dalio）
>
> 全球最大的对冲基金桥水基金（Bridgewater）创始人、亿万富翁

本书的第一部分探讨了这样一个问题：学生在 AI 时代应该学什么？以及所有必然的，但措辞极具挑衅性的问题："如果你可以运用搜索引擎，或者有一个智能代理能帮助你找到任何信息，为什么还要学习？真正值得学习的又是什么？"

AI 给社会各领域都带来了或大或小的影响，人们也普遍认为，它会对我们的教学内容产生巨大影响。经济合作与发展组织（OECD）国际成人能力评估（PIAAC）[5] 调查测试了成人对关键

信息处理的熟练程度——在技术广泛运用的环境中认读、计算和解决问题的能力，并收集了成人在家中和工作中如何使用技能的相关信息与数据。该调查认为，AI 的能力水平已经超过了 50%的成人，这部分人的能力水平处于 2 及以下；同时，AI 十分接近能力水平为 3 的成人，他们的比例为 36%。

能力水平 （Proficiency Level）	经济合作与发展组织 国际成人能力评估结果 （OECD Adults）	人工智能 （Artificial Intelligence）
2 及以下	53%	达到
3	36%	接近
4—5	11%	未达到

来源：Elliott Stuart, "Computers and the Future of Skill Demand." [6]

这样的发展趋势必将持续加快步伐，IBM 的开放排行榜（Open Leaderboard）尝试通过跟踪大批变量了解 AI 正取得的进展。通过该排行榜可以看出，AI 应该能够在 21 世纪 20 年代初进入更深层次的自我学习领域，并在 30 年代早期实现协助、合作、辅导和调节等功能。

感知世界		发展认知		建立关系		赋予角色	
模式识别	视频理解	记忆	推理	社交互动	交流顺畅	助手、合作者	教练、导师
通过标记过的训练数据及搜索来学习（优化）							
		通过看和读来学习（教育）					
				通过实践学习并承担责任（探索）			
2015	2018	2021	2024	2027	2030	2033	2036

来源：Jim Spohrer, IBM[7]

鉴于以上种种，"学什么"部分让我们认识到，为应对未来不确定性可能带来的冲击，必须关注广泛、深入且全面的教育；反过来说，这也意味着，我们需要重新聚焦现代教育的更深层次学习目标（deeper learning goals）：

· 多功能性，用以更坚韧地面对生活与工作；
· 相关性，具备广泛适用性并能够调动学生积极性；
· 可迁移性[8]，服务于广阔的未来行动能力。

所有这些目标都可以通过以下方式培养：

- 有选择性地强调传统知识的重要领域；

- 增加现代化的知识；

- 关注基本内容和核心概念；

- 跨学科，采用真实的应用程序；

- 将技能、品格和元学习嵌入到知识领域。

怎么学

本书的第二部分讨论了这样一个问题：AI 如何强化和变革教育？首先，我们需要区分广义的教育技术（EdTech）和具体的教育人工智能（AIED）。由于该领域的分类学和本体论还相当模糊，所以这里对教育技术的显性功能进行快速总结是十分必要

替代、增进、调整和再定义模型
（Substitution, augmentation, modification, and redefinition model, SAMR）

的。使用下页图的 SAMR[9] 模型，"怎么学"部分呈现了 AIED 如何影响所有级别，并且它的最大影响力随着级别的增高而不断提升。

请注意上图中所示仅代表了今天的应用程序，而不是明天的应用程序，所以仅用于帮助解释该模型。通常，这些应用程序会在一个术语"技术"下崩溃，然后人们就会对技术的潜力产生很多困惑。这个模型帮助我们总结了技术可以产生影响的不同类型，从没有任何功能变化的单纯替代，一直到通过技术发展而创造的以前难以想象的新任务。

评估的角色

能测量，就能被管理。

开尔文勋爵（Lord Kelvin）

评估一直是许多教育辩论背后隐藏的反派，同时它也是一种强大的机制惰性的体现。让我们改编一下著名的亚里士多德三段论[10]：

缺乏教育或不良教育是许多人类问题的根源；
评估定义了我们所获得的教育；
所以，评估是许多人类问题的根源。

　　尽管评估不是本书的重点，但是很明显，在教育变革过程中评估所扮演的角色有点过于夸大，而作为其中一部分的 AI 驱动的评估系统（主要是形成性评估）也同样如此。

　　经济合作与发展组织教育与技能部部长安德烈亚斯·施莱克尔（Andreas Schleicher）公开表示"易于测量，也就易于实现自动化"，从而对评估世界撂下了战书，督促其重新调整重点，从而推动变革。

结　语

　　不同的读者对本书主题可能有不同的取向和兴趣。政策制定者和课程设计者最初可能会偏爱"学什么"部分，而教师和信息技术（IT）专家可能一开始对"怎么学"部分产生兴趣。

　　因此"学什么"和"怎么学"设置为独立的两部分。附录，特别是在技术细节部分，也反映了该书重视读者的消化理解。

　　此外，由于时间所迫，我们的写作理念可以用安托万·德·圣-圣艾克修佩利（Antoine de Saint-Exupéry）的话来总结："完美之所以完美，不是因为不再需要添加什么，而是发现无可删减。"总之，本书并非一本深奥的学术著作，而是希望能够简明扼要，直中要害，因此也遵循了尤瓦尔·赫拉利（Yuval Harari）的哲学："在一个充斥着冗余信息的世界里，清晰即力量。"[11]

祝您阅读愉快，并诚邀您通过 info@CurriculumRedesign. org 进行反馈。

PART 01

学什么？

AI 对课程的
影响

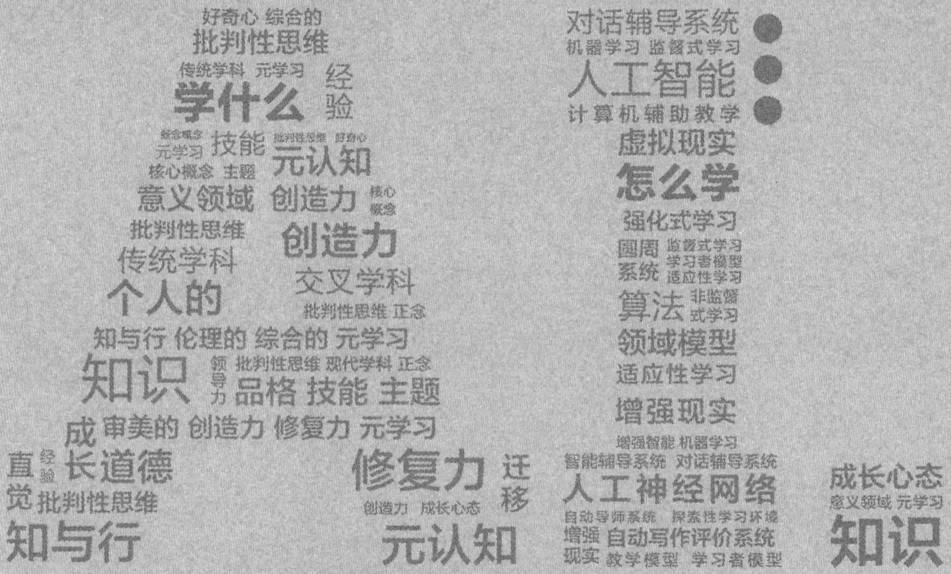
好奇心 综合的
批判性思维
传统学科 元学习
经验
学什么
核心概念 技能 批判性思维 好奇心
元学习
元认知
核心概念 主题
意义领域 创造力 核心概念
批判性思维
创造力
传统学科
交叉学科
个人的
批判性思维 正念
知与行 伦理的 综合的 元学习
知识
领导力
批判性思维 现代学科 正念
品格 技能 主题
成长
审美的 创造力 修复力 元学习
道德
直觉
经验
批判性思维
知与行
修复力
迁移
创造力 成长心态
元认知
对话辅导系统
机器学习 监督式学习
人工智能
计算机辅助教学
虚拟现实
怎么学
强化式学习
圆周系统
监督式学习
学习者模型
适应性学习
算法
非监督式学习
领域模型
适应性学习
增强现实
增强智能 机器学习
智能辅导系统 对话辅导系统
人工神经网络
自动导师系统 探索性学习环境
增强现实
自动写作评价系统
教学模型 学习者模型
成长心态
意义领域 元学习
知识

教育变革是缓慢的。学生仍在听取过时的课程选择理由，这些理由甚至连教师都难以相信。尽管有人告诉我们，人不会每天都带着计算器，但事实是，我们口袋里每天都放着非常强大的计算器。不仅有计算器，还有词典、百科全书、书籍、文章、教学视频和各种提问答疑平台。随着可获得的技术越来越强大，我们不禁要问：如果可以通过谷歌搜索得到一切，那我们为何还要学习？或者，更确切地说，什么才是真正值得学习的东西？

教育目的

正如其他关于"价值"的讨论一样，语境是非常重要的。要回答"什么值得学习"的问题，首先要厘清整个教育事业的目的。

这个问题并不新鲜，不过答案随着时间的推移发生了变化。教育原本是围绕创造劳动者、传授知识和培养基本读写计算技能而展开的。随着社会结构的变化，教育逐渐开始承担其他实践的、社会的和情感的功能。当下，学校实际上被视为通往高等教育和最终经济独立的途径。基于这种视角，教育起到一种"官方检验"的作用，它向未来的雇主表明，雇员已达到了社会质量监控的最低标准。

随着个人需求和社会自身的发展，教育系统的社会观已慢慢趋向成熟；教育既是塑造学生满足社会需求的一种方式，也是赋予学生能够最大限度地满足个人需求的一种手段。最后，在情感上，学校也被视为激发学生敬业乐学精神的地方（当今世界不断变化，激情与乐学精神是当代人持续适应新世界的必备特质）。

由于学习如今已经成为人们毕生的事业，所以考虑中小学教育（K-12）的目标与未来生活中学习目标之间的差异，是很有必要的。未来生活中持续学习之所以必要，有三个原因：

经济方面：专业化的职业生涯，社会提供的工作机会在不断变化；

公民方面：随着信息爆炸愈演愈烈，以及真相愈来愈难以掩盖，需要时刻保持对公共问题（voting issues）的关注；

个人方面：不断培养新的爱好，继续成长、挑战自我，与他人交往成为个人的乐趣。

相比之下，小学和中学的学习特别侧重于在知识和能力方面为所有未来的学习打下基础：

1. 基础知识（foundational knowledge）：打好牢固的知识基础，为今后的深入学习打下基础，或把学到的知识应用到真实世界中。

（1）**核心概念**（core concepts）：为建立联系和创造意义，最终形成迁移[12]，学生必须理解的最重要的概念。

（2）**基本内容**（essential content）：为掌握概念并在生活中作出明智的抉择，学生必须知道的最重要的学科知识。

2. 基本能力（foundational competencies）：有效激活相关知识以及必要时继续学习的动机和能力。

（1）**技能**：运用所学知识能够做到的；如何运用自己的创造力、批判性思维、沟通、协作能力。

（2）品格：运用正念、好奇心、勇气、修复力（resilience，也译为心理弹性）、道德、领导力，我们如何表现及广泛参与世界。

（3）元学习：如何反思并调节，也就是具备元认知能力、成长心态。

在"21世纪教育"工作坊中，我们提出了一个问题："学生应当学习哪些重要的东西才能为未来作好准备？"无论是教育者、学校领导、政策制定者还是企业代表，都给出了非常类似的回答。

很少有人会拿英语课上的某本书或历史课上的某个时代来说事，他们也不谈数学的某个分支或生物学的某个科目，更没有人说"让学生知道线粒体是细胞的动力源"很重要。相反，我们反复得到的答案是"如何批判性地思考""系统思维""道德""沟通""学会学习"等。

直觉上，我们知道课程内容知识（content knowledge）可能是学生从学校里学到的最不重要的东西（而且学生大都不会记住它！[13]），然而一次又一次，教育改革的善意初衷却造成课程内容不断膨胀，学生没有时间学习最重要的东西。

开始的想法很简单。"学生需要基本的读写和计算知识来学习更高层次的材料。"但问题是，如何为大多数不会成为专家的人开展教学，如何判断一个人是否会继续学习成为专家，界线是非常不清晰的。

另一方面，虽然也在教"合作"之类的能力，但教育者往往是将这些能力作为副产品来教，而没有采取深思熟虑的、系统的、可论证的和综合的方式。由于这些能力比知识更难测量，因此评估也很少聚焦能力。花时间在课程内容上通常更具吸引力，教育者希望学习者能在学习内容的同时潜移默化地学习这些能力。

联合国教科文组织（UNESCO）提出："素质教育系统必须使学习者不断地调整自己的能力，同时不断地获取甚至开发新能力。这些能力在范围上是多样的，包括核心技能、内容知识、认知技能、软技能到职业技能。这些能力使学习者能够在特定的情境中成功地或有效地满足复杂需求，执行复杂活动或任务。这些能力的类型和方法会因实体——国家、组织和个人不同而变化。"[14]

在《四个维度的教育——学习者迈向成功的必备素养》（*Four-Dimensional Education: The Competencies learners Need to Succeed*）[15]中，课程再设计中心（Center for Curriculum Redesign，CCR）综合了来自世界各地 35 个行政区及组织的课程，并融入教师和学校管理人员的意见，以及雇主、经济学家和未来学家的预期报告，创建了一个统一框架，即：

- 综合的（comprehensive）：没有主要元素缺失；
- 紧凑的（compact）：可操作的、可开展的；
- 并行的（uncorrelated）：无重复或混淆；
- 适度抽象的（abstracted to the appropriate level）：有条理的；
- 全球相关的（globally relevant）：有广泛接受度。

　　该框架将教育目标分为四个维度：

（1）知识：我们所知所懂的东西；

（2）技能[16]：我们如何运用知识；

（3）品格[17, 18]：我们如何表现与广泛参与；

（4）元学习[19]：我们如何反思并调节。

　　通过考察世界各地的研究、理论框架和标准，我们列出了全部 12 项能力（除了知识），以代表 21 世纪教育的目标，如以下维恩图（Venn diagram）所示。

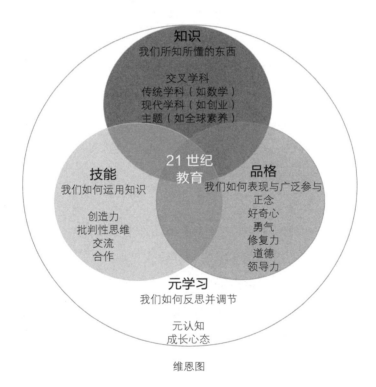

维恩图

由于能力（技能、品格和元学习）是相当复杂的，我们对它们的概念化方式作了深入分析，并将它们分解为子能力。[20] 我们当前的工作是将这些子能力进一步转化为课堂行为和习惯。

这项工作的一个额外挑战是，现实中，我们不可能创建一个班级来单独地教授每一项能力。事实上，学生最好是在知识的背景中学习这些能力！因此，我们正在努力鉴别最有益的组合，并从专家那里收集意见，以便进一步阐述这些能力。

然而，本书聚焦的仅仅是知识部分。毕竟这一维度将直接并立即受到技术变化的影响，它本身就值得仔细审视。[21]

基础知识：学生需要学习什么？

让我们简要地思考一个例子。高中微积分课程对 20%～30% 的本科生很有帮助，他们进入大学后会主修 STEM（科学、技术、工程和数学）专业，因此期望能够在高中学习微积分。[22] 然而对于其他 70%～80% 的高中学生而言，学习微积分的经历意味着什么？此外，对那些大约 30%[23] 未进入大学的高中毕业生，又意味着什么？对大量上了大学的学生来说，他们必须把修习微积分作为专业学习的先决条件，但如果他们的职业生涯中并不需要用到微积分，情况又将如何？目前，即使在最好的情况下，一旦学生选择了专业方向，他们依旧需要花费大量时间在那些他们再也不会用到的知识上。几乎任何科目都可以做同样的思维实验。

学校中所传授的知识必须予以重组，使之与所有学生相关，同时给每个学生深入学习他们所选职业道路所需的必要知识的机会，这是一个值得努力争取的平衡。

核心概念
简介

人们在学校学到的知识，毕业后也应该能够有机会有效运用。应对任何需要使用知识的新情境，无论是在现实生活中的应用，还是在学习某一学科中更高级的科目，人们都需要利用已经学到的知识。无论上述哪种情况，现有知识必须能够在新的情境中有效运用。对某个科目的掌握越牢固，运用它来学习更多知识也就越容易。[24] 因此，问题也就变成：学生的理解怎么能够以所谓"有用"的方式得到发展？

哈佛大学教授戴维·珀金斯（David Perkins）在《为未知而教，为未来而学》（*Future Wise*）[25] 一书中提出，课程应努力朝着"专家型业余爱好者"（expert amateurism）方向发展，而不是试图在学科内灌输专门知识。虽然专业知识优先于技术深度，但"专家型业余爱好者"的目的则是建立"对基本知识牢固和灵活的理解"。只有将各学科中和跨学科的最重要的概念（即我们所说的核心概念）加以内化，学生才能具备更好地处理多方面问题的能力，才能用多种多样的工具解读世界。[26]

但覆盖心态（coverage mindset）的陷阱，即"学生一页一页地学习（或老师们一页一页地讲解）课本，勇敢地试图在规定时间内掌握所有的事实材料"的陷阱，是难以避免的。[27] 即使以重要概念开始的框架，通常也应该把它们分解成为子科目，而不应在更广泛的学科或科目概念的情境下进行教授，评估也要避免只在最细微的层次上覆盖材料。[28]

虽然专家很容易理解内容细节和更高层次概念之间的联系，但新手不会自动建立这些联系。事实上，看到某个领域信息片段之间的联系是专家的典型性特征。

如果只教授和评估新手的细节性碎片知识，他们可能会理解材料，但不可能利用所学的知识。为了用知识建立有用的、可迁移的更广泛理解，教学内容应当以帮助学生创造意义的方式连接到概念（重要概念与论题相连接的例子见附录1）。

但是我们面临的一个困难是：专家对最有用知识的应用往往是不加思索的，这些知识定义了他们所在的领域，它们通常是"不言而喻"的。这也就是为何对于专家而言，很难创建出真正地发展"专家型业余爱好者"的课程。他们深知如何熟练地处理内容，但他们不能明确地阐述通往专业化的概念。[29] 想象一下，如果要求解释行走时如何保持平衡，或者如何咀嚼，我们会遇到同样的问题。这是创建 K-12 课程时面临的最大、最容易被忽视的障碍之一，这些课程关系重大，为学生的学习奠定了基础。

基本内容
简介

如果期望学生在学校所学知识的基础上有所发展，那么这个基础必须具备一个重要特质，即能充分满足学生发展所有选择的需求。换句话说，通过将核心概念与基本内容相结合，让学生接触到人类努力的诸多前沿领域，学校教育可以让孩子们审视不同生活和职业道路的可能性，最终作出明智的决定，即决定自身最适合奋斗的领域和方向。

从不那么长远的观点来看，我们必须在社会与信息新关系的基础上，重新思考教学内容。在人类历史的大部分时间里，信息的存储是缺乏的，但随着书籍的大量出版，信息逐渐变得丰富起来。自从有了个人电脑，并随着网络的发展，人类可掌握的信息也在不断丰富。任何简单的信息都可以在网上迅速找到，强大的计算工具也很容易获取。此外，有证据表明，人们会以每两年50%的速度遗忘学业内容。[30]并且特定领域的知识也一直随着时间的推移而产生变化，比如在学校中学到的一个常规分数运算，到了用于职业场景的那一天，也将面临过时。[31] 在这样的背景下，什么才是值得学习的基本内容呢？这些内容不是临时性知识，仅在需要时才去查询；也不仅仅是专业知识，只有选定专业方向之后才需要去学习。

有些内容将是教授概念的媒介，有些有限的、适当的内容值得加以内化实现自动化，以供未来建立更复杂的知识，或在日常生活中使用。最为典型的情况是，内容可以作为概念引入的方式，或者，也可以用于阐明不同情境下概念的普遍性。这类情况下，学生不需要明确提示，就能自动将概念应用到未来可能遇到的相关情境中去。

为了最大限度地发挥其在迅速变化的世界和社会中的意义，基本内容应以两种方式实现现代化。第一，必须增加过去没有机会纳入课程的重点现代学科（工程学、健康学、社会学等），必须决定当前课程中哪些部分应当削弱和删除。第二，学科教授方式（传统和现代）应该逐步实现现代化。例如，翻转课堂的教学观念取决于"技术能从根本上改变学习结构"的理念。正如本书第二部分提到的，我们不应只把技术看作不具功能变化的简单替代品，而是应当用技术创建新的、前所未有的任务。

除了这些实际目标外，不管从公民参与度方面，还是培养多方面的个人意义并与他人建立联系方面，对非自己积极追求的专业领域的欣赏能力也得到了普遍的价值认同。

　　这是一个大的目标集合，确保学生在接触特定学科的广泛思想和论题的过程中，课堂通常相应地被设计成对该领域全面、广泛的调查。这本身不一定有问题，但向学生展示碎片化信息（这类课程设计的一个共同结果）则很难建立起概念框架，而概念框架可用于之后理解新的信息或在现有信息的基础上进行建构。

　　碎片化信息的反面则是意义。菲利普·菲尼克斯（Philip Phenix）在《意义的领域》（*Realm of Meaning*）[32] 一书中提出，意义的创建是人类必不可少的活动，而教育应帮助学生学习人类成功开发的不同的创建意义的方式。在这一点上，可以说，学生应该充分接触到意义建构的不同领域。[33]

　　在构建未来的学习和欣赏的基础时，意义是一个有用的指导原则，因为它与对目的[34]、了解[35]和参与[36]的感知密切相关。这类意义的创建和研究领域逻辑的深度理解，不是人们在需要时就能简单查询到的东西，而是必须直觉地知道何时用和如何用的东西（事实上知道要搜索什么东西才是必需的！）。这也是一种不同于碎片知识的东西，它不容易遗忘，也不会随时间而改变。

意义建构
及算法的
影响

自古以来，学校一直肩负着帮助学生构建基础理解的重任，保证学生在日后打磨其专业技能时可以有所依赖。知识与世界的相关性，决定了学生建构意义能达到的程度，是确保所学知识具备可迁移性的首要条件。当前，我们面临着气候变化、社会动荡、技术突破，以及不断变化的就业机遇等众多问题，因而，相关性问题在当今显得尤为紧迫。虽然这不是唯一需要考虑的因素（考虑到上述个人和公民的功能），但随着算法日益普及、职业发展前景不断变化，它已经成为知识迁移问题中最令人担忧的因素。

职业能力

让学生了解职业发展所需了解的内容，对课程设计来说有一个难点：自动化和离岸外包会引起职业形势快速变化；我们为学生应对当今世界而作的准备，在他们毕业时已然过时。然而，自动化对不同类型工作的影响是不一样的。迄今为止，可以自动化的工作都涉及常规任务。[37]

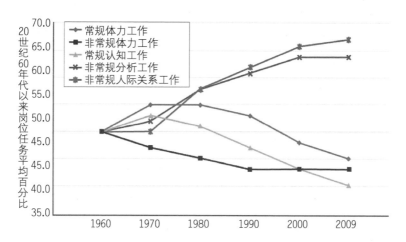

随时间推移工作所需任务类型的变化

来源：Autor and Price

常规任务（routine tasks）很容易自动化，因为计算机程序可以学习执行一系列程序并遵循规则（运算法则）完成任务。下图中工作类型变化的趋势，体现了各类任务的自动化发展情况：两类比例增长的工作是非常规人际关系工作（如顾问）和非常规分析工作（如工程师）；和常规认知工作（如归档文书工作）一样，常规体力工作（如工厂岗位）已经减少；非常规体力工作（如管道工作）确实减少了，但似乎处于平稳水平，因为依然有一定量的基本需求。

出于对"职业消亡"关注的日益递增，有些组织，如牛津大学[38]、经济合作与发展组织[39]、普华永道[40]和麦肯锡[41]等，试图量化自动化对职业的影响，结果表明其数字变动范围在9%（OECD）到50%（牛津大学）之间。近期，大量文章尝试描述从世界末日到欢乐乌托邦的场景，并描写两者间的各种细微差异，由此，职业消亡问题也得到了公众的广泛关注。[42]

AI的进展对很大一部分人，特别是高技术人才，极具震慑力。[43,44]审视其发展趋势的方法之一，就是运用布卢姆教学目标分类系统理论，对认知[45]、情感[46]和心理动作[47]领域进行分析。布卢姆教学目标分类理论的创建，是为了理解人类日益复杂的思维、情绪和运动，并对其进行分类。下图显示，现有算法已经覆盖了人类能力的重要部分，而这仅仅是影响的开始。

情感领域的自动化现状

认知领域的自动化现状

心理动作领域的自动化现状

情感、认知和心理动作领域自动化的发展
来源：CCR

增强智能

人工任务和计算机任务之间的界限有多清晰？一旦任务自动化，是否还为人类留有余地？国际象棋是一个好例子，可以供我们思考。可以想象，在这一游戏中，人类凭借直觉以全面的方式进行游戏，而机器人凭借计算能力以算法开展游戏。1997 年，深蓝（Deep Blue）在国际象棋较量中击败了世界冠军加里·卡斯帕罗夫（Garry Kasparov），预示着国际象棋进入了电脑超越人脑的活动清单。同样，游戏 Go 最近也被电脑攻克了，算法甚至运用了人类玩家从未使用过的创新策略。[48]

然而，尽管计算机确实可以在国际象棋的较量中击败人类，但两者的结合似乎比任何一个独自运作更为强大。自由棋赛的结果表明，业余国际象棋选手使用电脑可以打败电脑、大师级选手，甚至能战胜运用性能较差电脑的大师级选手。[49] 表面上看，这又是一个很好的例子，说明电脑入侵了过去被认为是人类独有的领域，但事实证明，人类可以把算法作为工具加以使用，让人类把擅长的事情做得更好。这就是所谓的"增强智能"（augmented intelligence）的概念，它是理解人类使用计算机能发挥何种能力的关键，由此对教育目标产生影响。

计算机、人类团队和人机团队的比较表

实　体	优　点	不　足
计算机	快速生成大量解决方案并进行测试。 快速处理大数据。	开放世界中的解决方案生成器是不完整的。 数据难以对开放世界作出充分表征。
人类团队	有开放世界的生活经验。 多领域跨学科团队的多元化经验。	存在协调成本。
人机团队 （最高性能）	互补型认知弥补彼此的失败模式，从而提高性能。	我们需要更好的理论和实践来组建人机团队。

来源：改编自PARC [50]

　　类似的过程在许多职业转换中屡见不鲜。计算器没有取代数学家，而是提高了他们的能力；文字处理器没有取代作家，而是给予他们更多的力量。尽管 AI 带来的诸多变化比上述转变更具变革性，但这并不意味着 AI 无法作为一种工具得到最佳运用，如果我们有效培养训练下一代，必定能够充分利用 AI。

　　那么最适合机器工作的场所在哪？人类在何处可以掌控机器的力量，并发挥持续的作用？我们总结如下：

机器优于人类的领域：

- 重复性 / 可预测性任务；

- 依赖计算能力的任务；

- 将大量数据分类和输入；
- 根据具体规则作决策。

人类优于机器的领域：

- 体验真实的情感和建立关系；
- 跨范围、多来源形成问题并作出解释；
- 决定如何跨越各个维度，有策略地使用有限资源（包括机器应该执行哪些任务以及提供何种数据）；[51]
- 使产品和结果适用于人类，并就此展开沟通；
- 根据抽象价值作决策。

如果所有任务都完美地符合运算法则并可以细分，那么算法可以处理一切。但多数情况下，人类需要明确问题、选择数据、决定如何将这些加以组合，和他人沟通其价值，根据价值作出判断等。即使是 AI，虽然它可能不受算法的约束，但它仍需要在更广泛的过程中进行设计、训练和定位。尽管人类工作的许多部分都可以自动化，不过人类始终还是扮演着重要的角色，只要人类准备得当。

对教育的启示以及学生需要知道什么

鉴于 AI 的指数式增长，其对职业和工作的破坏性，以及其他的社会和个人不稳定因素，人类在教育上应采取什么明智的对策？[52]

逻辑表明，在当今这个充满不可预知变化的年代，适应性（adaptability）和足智多谋（resourcefulness）至关重要。这反过来又为更通用的（versatile）教育创造了条件，人们可以获得多领域的广泛培训，从而具备发展和适应其他领域所需的技能和品格。从某种意义上说，这就是教育一直试图实现的目标——为应对未来的挑战打下坚实的基础——但鉴于未知的严重断裂性，我们必须比以往任何时候都要更有效地开展这项工作。

IBM 的吉姆·史伯尔（Jim Spohrer）提出了 T 型人才（T-shaped person）[53] 这一术语，用以表示某类人的认知水平。这类人的知识储备兼具广度与深度，而不仅仅是二者之一。为了预测劳动力等变化，课程再设计中心则提出了 M 型人才（M-shaped person）来扩展该模型，表明该类人才在其一生中，在多个不同"深度"上有所建树。

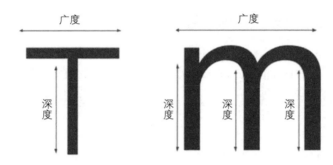

T型人才和M型人才对比

来源：CCR based on Spohrer

教育始终强调迁移（在课堂外充分运用所学知识的过程）和专长（对某些知识领域形成充分发展的认识，包括特定的感知和解读信息的方式）。[54] 但是，现在比以往任何时候都更有必要重新考虑专长和迁移之间的关系，并以一种成熟、系统、全面和可证明的方式使它们成为教育的重点。[55, 56]

下页图显示了日益增多的技术程序如何为课程重心的翻转[57] 提供了机会，这样学生可以花更多时间专注于通过概念实现迁移和专长，而不是学习那些可以很容易接触并掌握的内容。这类似于翻转课堂教学法将技术整合进教学内容，课堂时间则用于基于活动的概念学习。但我们要讨论的重点是"做什么"而不是"如何做"。[58]

翻转课堂策略和技术变革直接相关；网络搜索和 AI 算法首先入侵了基本知识传授方面（基本事实和过程），现在正在深入某些专长培养领域。算法在提供意义的能力上正在向教育目标分类的上端扩展，这有利无弊，且不具威胁性。与其花费过多课堂时间积累信息，不如用更多时间实现教育更深层次的目标，即专长和迁移，帮助学生作好准备应对实际工作中必将遇到的任务。[59]

翻转课程

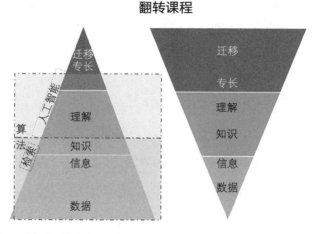

翻转课程用以应对网络搜索和AI的侵入
来源：CCR

鉴于当下正在发生的变化，我们需要注意，内容也必须实现现代化。实现内容现代化的方法之一，是剔除课程中过时的部分。用最合适的 Jenga 积木打个比方来说[60]，玩家移除非承重积木，得以保留基本结构而不损坏整体（当然，也会出现过度移除；但目标是保留最基本的结构）。此外，有价值的当代科目应纳入到经典内容中，以提高其相关性。最后，针对内容的教学方式应该是现代化的，需要充分利用新的教育理念和专业工具——尽管使用旧工具比盲目使用新工具更好。

　　正如内容可以压倒概念一样，专长也可能成为教育的核心，但其代价是不利于迁移。用数学例子就可以说明：一步步练习求解正反三角函数方程，有助于训练那些在非数字化情境中工作的土地测量师，或者有助于人们学习工程知识，正如记忆柠檬酸循环（Krebs cycle）有助于人们从事生物学工作一样。但对于大多数现代学生来说，这两个例子最后往往都不符合需求，事实上以上任务不管是采用检索还是算法，计算机都可以轻松完成。

　　这种聚焦专长并最终促进迁移的方法，并不是实现迁移和专长相结合的唯一途径，它反而有明显的弊端。换句话说，如果一个人过早地停止其学科内知识的发展（正如 K-12 教育常鼓励的那样，许多人都受此影响），那么迁移的可能性仍将低得令人难以置信。细节的理解仍将局限于所学的领域，缺乏实际用途。然而，正如"迁移／专长"图所表明的，如果可能在教学中实现迁移（广度）和专长（深度）的交替，即便学生很早就终止学业了，他们仍将获取重要的以及可迁移的理解。[61]

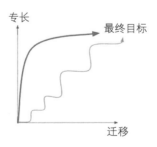

实现K-12教育目标的两种方式：传统方式假设是专长促进迁移（弧线），另一种方式建议迁移和专长交替展开（曲线）
来源：CCR，2017

例如，想要获得看待世界的科学方式，可能必须拥有科学博士学位，需要学习相关的背景知识，阅读大量一手研究文献，设计和完成研究性学习，努力形成专长。但是，考虑到科学结论的可检验性和不确定性——这是科学的固有特性——内化为科学地看待世界的能力，难道不是宜早不宜迟吗？难道不应该在教授科学知识的相关案例中传递这些理念吗？各个领域的大多数从业者都声称，没有任何知识比以特定方式思考的能力更重要。更何况，这种"以特定方式思考"的能力依然是计算机无法企及的。当然，我们现在被大量信息轰炸，需要主动对各种信息作出评估，这就要求我们必须学习一般框架，以能够提出正确问题。教育需要重新建构来反映这一点。

意义的重要性

是什么能让知识基础打得扎实？又是什么让其变得薄弱？关键在于创造意义。

有用的理解必须是有意义的理解：思想根据其关系和适用性彼此联系。从某种意义上说，创建意义和理解是同义词。专家深入研究其关注领域，并倾其一生致力于研究某种特定创造意义的方式，他们能够培养出一种深层的理解，经常凭自己的直觉理解如何应对领域的新挑战。当然，人一旦多角度地深入学习某一特定概念，也就自然而然地形成了这样的直觉。

但是，那些不再专攻某一学科的人能发展这样的直觉吗？学生能否通过接受教育，清楚识别所学知识的可适用场景？在不发展所有学科的全部技术专长的情况下，能否形成明智的策略，从相关角度着手应对未知问题？[62] 我们相信，只要知识以创造意义的方式呈现，学生就可以做到这一点。

直　觉

假设你是某城市的本地人，你在该城市的街上走了一辈子，根本不用思考就知道那些街道的情况。无论在哪，你都会了解自己所处的一般区域及其他区域的关系。你算得上是该城市布局的专家。

现在，假设你尝试指导一位初来乍到的陌生人如何在这个城市游玩。你可以向他们提供地图，从最上方开始，让他们一块一块或逐片逐片地记下来。毕竟，一旦你这样要求，他们可能会对这个城市有深刻、详细的了解。或者，每次他们需要去某个地方时，你只告诉他们从一个地方到另一个地方的确切方向和当地地标，如果他们在这个城市待的时间够长，也能在脑海中形成合理的心智地图。

还有另一种方式是，你可以只简单介绍当地大型组织机构和有用的城市地标建筑。例如，你可以告诉他们某条河流将城镇分为南北两半，或是某条主街道有哪些分支，或是某辆公交车环绕着城市外围行驶。这种方法提供了一个更有意义的知识基础，随着对城市了解的深入，无论他们是计划搬迁到该城市还是作为一名访客，都可以扩展其知识基础。提供城市最基本成分的描述更有用，因为它帮助陌生人发展了一种直觉，以实现从城市的布局和地标建筑创造意义。如果他们发现自己身处陌生的社区，他们可以查找河流，找到自己的定位，并将经验添加到对该城市的理解中去。

这确实是一个对"基础"的考验：在新学习材料的重压之下，基础会是纹丝不动还是面临崩溃？如果所有的新知识都以一种与现有知识建立有意义联系的方式添加进来，那么其应当添加的位置也就会一目了然；如果只想将所有的新知识收集在一起，指望以后能自然而然地浮现意义，那么这种添加仍然只是一堆仅供记忆的观点碎片而已，很容易丢失或者令人困惑。

有些科目似乎具备极高的技术含量，以至于大多数新知识添加进来时，都难以维持原来的意义，也难以在没有全面发展专长的情况下形成直觉；毕竟，专家是在现有的体系下建立理解，因此他们可能经常默认相信自己的历程也应该是任何人学习该学科的历程。

然而，由专家决定如何向学生介绍该学科是件最糟糕的事。他们常常屈服于"知识的诅咒"[63]，他们无法理解新手是如何感知材料的，因而难以决定如何最好地呈现材料。对材料有浓厚热情的人或者能轻而易举地达到目标的人，可能很难想象一个只想掌握基础知识的人，或者一个苦苦挣扎的学习者会遇到什么样的困难。

相关性：让知识有上升通道

研究表明，信息是通过感知过滤获得的，而我们的感知又基于自身理解事物的框架和目标。这不仅适用于最低层次的知觉[64]，也适用于更高层次的认知[65]。学生的大脑如果不能提取有用的信息，那么就很有可能难以用有意义的方式整合（理解）信息。因为知识具有相关性，它并非一定要以具体的方式实现其有用性；它可以在解决抽象问题，或者理解容易混淆的观点时体现其有用性。

此外，相关性与学生动机有着直接联系。好奇心的"信息缺口理论"[66]假设，当人们意识到自己的理解存在偏差时，会产生强烈的动机。但是，这个差距必须是处于可控的范围；如果差距过大或过小，学生就会不感兴趣或退而避之。[67]另外，人们喜欢寻找他们乐意思考的论题信息，而避开那些他们不乐意思考的。最后，"鸵鸟效应"[68]现象特别有趣，因为它表明考虑到情绪效价问题，相关性是极为主观的。人在处理潜在相关但不合心意的信息时，情绪效价可能会影响其处理方式。[69]

戴维·珀金斯说："知识就像一辆自行车。也就是说，知识是为了到达某一地方而存在的。如果我们了解法国大革命，或民主的本质，或贝叶斯概率，或机会成本，我们希望带着这些信息前往某地。也许我们想理解头条新闻中的某个议题，或思考医疗决策，或以最有效的方式开展项目。为解决上述任何一个任务或其他成千上万的任务，我们都想带着自身所知去往某地。"[70] 即使是想要悠闲地骑自行车兜风，也需要自行车运转正常。换句话说，知识不应是假大空的，相反，它应该对某些事有用。获取这种知识不是为了与计算机竞争，而是作为对计算机的重要补充，因为计算机不能自发地识别关联并将知识迁移至新的环境；人类必须通过定义问题，制定自己的规划，然后让计算机完成那些需要计算能力的问题。

有用知识的观念常与注重主动学习（active learning）[71] 的教学紧密相连。正如约翰·杜威（John Dewey）所说："只有在教育中，知识才意味着一种信息的储存而无关实践，而在农民、商人、医生或者实验室实验员的生活中，这是绝不可能的。"[72] 本杰明·布卢姆（Benjamin Bloom）在其开创性工作[73] 中也强调了这一点：在其提出的框架中，更高层次的认知复杂性要求学习者更多地调动知识，从记忆转向理解、应用、分析、评价和创造。[74] 因此，许多人致力于研究学生主动建构和运用知识，通过这种教学方法来解决传授有用知识的问题。这些方法将重点从信息传递转移到学生学习，从"知"到"行"。毕竟，在应用情境下学习知识，至少能确保这些知识对学生的概念组织有意义。但是，我们也将看到，这仅仅是图景的一部分。

开发概念工具箱

在理论上，任何特定的知识都可适用于各种情境，但它最终取决于学生知道如何运用及何时运用，这才是理解的关键，而理解才应当是教育的目的。例如，如果学生从不审视自身是否有"确认偏见"（confirmation bias），那即便清楚知道这一概念的定义又有何用？我们通常把"学习"描述为开发"工具箱"（toolbox），正好与此相符合。工具箱意味着每个学生在运用一套工具打磨自身的知识熟练程度，即本书所讨论的合理运用已经学会的概念。

然而，有些概念比其他概念更强大。例如，数学中的"蛮算"和"巧算"概念，明确了解决问题有多种途径的重要思想；意识到正在使用的策略类型（通过运用该概念作为工具）对所有学生都有益，无论他们是否致力于科学、技术、工程或数学（STEM）领域。为此，这些概念可以认为是思维的"电动工具"。虽然这些概念是在特定的背景下学到的，但对所有学生来说都有或多或少的效用。

相较于那些为未来学习提供较少支撑的概念，或者更糟地，与学习情境不恰当地联系在一起、很难在新环境中作为工具使用的碎片化知识来说，核心概念才是知识的电动工具，应当成为课程的重中之重。

迁移：在新环境中运用已学知识

另一个应对 AI 挑战的方法是迁移（超越学习情境运用概念的过程）。大量研究[75] 纠结于迁移究竟有没有发生，但最近的研究表明，把握迁移概念更有效的方式是：迁移总是存在的，只是没有像教师期待的那样。

从本质上说，迁移可以简单地理解为：激活一组心理资源以理解新信息。[76] 这是一个自然的学习过程，即人们运用已知理解未知。[77, 78] 如果学生错误地使用这些工具或者在该用时不用这些工具，都意味着他们创造的意义在某种程度上不完整或不精确。这些学生并非"迁移失败"，只是迁移方式或应用情境不适用。没有从零开始学习，首先弄清楚如何完成没有受训过的事情，即使是计算机也无法处理。

迁移如何实现？当面对新的问题、情境或信息时，大脑首先做的事情是试图在已知的模式中寻找可匹配的模式。他们可能会找到一个抽象的模式，为其提供工具，如应用题、除法或诗歌，然后针对不同类别激活适当的工具，这就是所谓的高通路迁移（high road transfer）。相反，大脑只是在新信息与先前经验的表面特征之间捕捉到匹配模式，则为低通路迁移（low road transfer）。[79]

例如，假设学生要解决以下应用题："4 个小孩有 16 块木块，老师要求将木块平分。每个孩子分几块？"为了解决这一问题，学生可以使用高通路迁移，发现要平分木块，必须使用除法。或

者，如果学生使用低通路迁移，他们可能会注意到该问题的结构
或用词，类似于他们过去解决过的问题，从而知道遵循相同的程
序解决。假设学生过去遇到过类似的问题，这两类迁移方式都能
成功地解决问题并得到正确答案（4 块）。然而，高通路迁移允许
学生根据更深层的意义组织经验，从而有助于将课上学到的知识
进行迁移，以解决课后的问题和经历。

　　如上文所述，就迁移的潜力而言，核心概念具有极高的投资
回报，它们适用于多种多样的情境，无需针对不同情况分别学
习。如果课程的目标是让学生构建可迁移的知识，那么核心概念
应成为课程建设的中心。事实上，理解"核心概念"的一种方式
就是将它们看成是能实现迁移的东西。

　　认为所有学习都像学习母语那样轻松，是个充满诱惑的想法。
当儿童接触世界时，学习母语的过程自然发生了，其结果是一个真
正令人印象深刻的、复杂的知识库。然而，在学校学一门外语通常
不会把学生送到国外去学习，像数学这样的学科也没有等价的数学
王国供学生访问，即使他们想去也不可能。在学校学一门外语需要
对语法、词尾变化和词形变化等进行明确的讨论。这是因为不告知
迁移发生路径，而希望学生掌握一门完整的语言，显然是低效的。
在西班牙这门外语课上，有个核心概念可能是"以 -ar 结尾的动
词"。这样，当学生在学习"-ar"动词时，他们不只是在学习这些
词汇，还在学习当碰到具有此类特征的陌生单词时该如何处理，以
及学习如何发现这些情况，让所学知识得以迁移。

意义领域

菲利普·菲尼克斯（Philip Phenix）在 1964 年出版的《意义的领域》（*Realms of meaning*）[80] 一书中提出，课程设计应优先考虑为学生提供创建意义的机会，并且学科分类应当根据其创建意义的方式，包括典型方法、习得观念和结构特征等。例如，数学和语言学都使用符号系统和约定规则来创建意义。这种创建意义的方法经证明是成功的，因此让学生理解用特定的方式创建意义是有价值的。新兴学科可以纳入相同的分类体系中（例如，计算机科学属于符号领域）。

这是最抽象层面上的意义，它是一种创建意义的完整方法。有些科学家已经内化了创建意义的经验主义方法，甚至在个人生活中也可能寻找证据，并考虑不同的解释。但沿着这条路线，跨学科的工作往往会遇到最困难的问题；当价值观和探究方式不一致时，很难通过不同学科的视角找到起点或看到彼此所处的位置。如果 K-12 教育是为了奠定基础，那么这个基础应当包括对不同的创建意义的方式形成直觉。意义的领域包括：

- 符号领域：具有社会公认形成和转化规则的符号结构体系（如数学、语言学、计算机科学等）；
- 经验领域：根据确定的证据和验证规则，采用特定的分析抽象体系产生可能的经验真理（如物理学、生物学等）；

- 审美领域：人类内在生活的模式（如视觉艺术、音乐艺术、运动艺术和文学）；
- 个人领域[81]：通过经验学到的，关于自我和他人的知识（如心理学、哲学、文学、宗教学中和存在相关的部分）；
- 伦理领域：以自由、责任、审慎决策为基础的个人行为（哲学、心理学）；
- 综合领域[82]：综合多角度为一体的整体（如哲学、历史、宗教等）。

有些学科适用于多领域，因为其内部有不同的传统。例如，心理学可以作为创建个人意义、伦理意义的方式，也可以作为通过实验和分析创建意义的严谨的经验性实践。即使是明确适用于某一领域的学科，也可能对其他领域的思维至关重要；例如，数学家可能会把数学归于符号领域，也可能归于综合领域甚至审美领域。[83]这些类别的划分不是为了严格的界定，其实是为讨论更高层次的知识创造提供了一种方法。这种抽象的思考方式，即根据共同体的抽象价值形成问题或作出决策，是计算机无法通过训练掌握的。

有缺陷的知识

没有意义的学习结果，或者说有缺陷的知识（problematic knowledge），依照不同情况可以归纳为以下几类：脆弱型知识

（fragile knowledge）、死记硬背型知识（rote knowledge）或配方型知识（recipe knowledge）、惰性知识（inert knowledge）以及普遍的误解（misconceptions）。这些有缺陷的知识源于学习过程中不同的意义丧失方式。

脆弱型知识是最常见的。这种知识完全是建立在"行"的基础上：其基础不牢，一有变动便瞬间崩塌或者丧失功能。如下图所示，死记硬背型知识或配方型知识，过度依赖于"行"，没有与概念理解建立紧密联系。学生似乎具备完成活动所需的知识，但因为不具备深层次理解无法实现高通路迁移。惰性知识则相反，学生被问及时似乎"知道"，但在必要时却无法加以应用。

如果学生既不能抽象地理解概念，又不能实际执行解决方案，这就属于"无知"，见下图左下角。为了让学生能举一反三，他们既要有高阶的理解能力，又要具备运用理解的高阶能力。

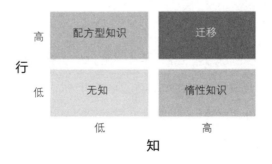

"知""行"不一产生有缺陷的知识
来源：CCR

有许多流行的教育学观点都潜在遵循建构主义（constructivism）基本范式[84]，并且与为学生创造积极的学习体验的基本目标相一致。自上而下的传统学习（将意义明确告诉学生，但未必与学生的观念和经验有效结合）与自下而上的进步教学法（progressive pedagogy）（意义由学生构建，但复杂程度受限）之间的平衡，是课程实施的重要组成部分。如果某个特定课程过于集中在自上而下一侧，那么学生学到的是惰性知识；而如果过分关注自下而上一侧，学生就会学到配方型知识。由于不同的原因，这两类知识都不能正确地迁移到新情境中。这里的关键是平衡自下而上方法和自上而下方法的需要，为孩子提供学习体验，以创造有意义和有用的理解。

误解，简单而言，就是理解中意义没有得到正确的建构。[85]学生经常需要学习一些违背直觉的观点，但是他们原本创建意义的方式很牢固，并无意识地依赖于这些方式，而并不依赖在学校新学到的复杂方式。请看下面例子，它探讨了学生为何放弃关于"力"的根深蒂固的看法[86]：

> ……想想上升的球，学生可能会激活原来的直觉，即必须用力才能保证球不掉下来（"你不用力，球就不动了"）。原来的直觉使学生认为必须有一个继续向上的"作用力"才能保证球体向上移动。当被问及是什么力时，学生不知不觉地把"作用"映射到"力"上。这就引发了一种运动离不开力的误解。然而，考虑到轨迹的静止峰值，学生对平衡的直觉也随之

开启；向上的东西似乎在平衡着向下的东西，当再度被问及力时，学生将这个"东西"指向了"力"，表示这是力的平衡。

最终，学生如何解释指定问题或情境，将取决于他们如何牢固地建构各种各样的理解，并取决于情境如何触发或未能触发这些理解作为解决问题的工具。

最优化

当提及被遗忘的知识时，"艾宾浩斯遗忘曲线"（Ebbinghaus forgetting curve）提出了经典的解释。1880 年，艾宾浩斯发表了一篇关于遗忘速度的论文（这篇论文被大量重复引用）[87]，在文中，他指出我们的记忆会急剧下降，然后趋于平稳。

该研究中最有趣的地方是记忆的内容。由于材料的任何特质都可能以不可预知的方式干扰结果，这些研究测试了一串无意义音节的记忆保留情况。如果我们的目标是设计材料，以产生最脆弱的可能知识，那么这的确算是最终的结果，因为它们是无意义的，这一事实不允许大脑使用任何支架。由此，这一经典发现只是一个有趣的学习基准策略，但它远远不能代表学习。

如果设计材料的目标正好相反，即要尽可能地提供迁移的支架与路线，情况会怎样呢？无论是对学生整体还是学生个体来说，自适应智能辅导系统都有很大的可能，帮助制定材料顺序，以优化迁移。

任何一条信息都可以作为理解其他信息的工具。那么，在设计课程时，我们如何运用"知识就是工具"这一理念呢？关键在于鉴别和明确聚焦学科内和跨学科的核心概念，这些概念是最有力的工具。

什么最为重要？

课程设计最复杂之处，是确定应当把哪些最基本的抽象知识教给全部学生，这些知识既有学科的，也有跨学科的。

已经有大量的努力致力于凸显抽象概念，以帮助学生形成直觉力、建立联系和达成概括化理解。尽管在结构和概念上有所不同，但这些框架都指明：课程要通过精心的概念组织，促进稳固而灵活的理解。

知与行

正如上文谈到的，迁移实际上是运用认识达成理解的过程，在理解基础上，人们可以将已学信息作为一种资源加以利用。因此，课程设计的重点是明了知（knowing）与行（doing）之间的区别。在二分法的语境中，"知"等同于具备某些知识，但这些知识不一定能实现迁移或能在新情境中运用；而"行"必须动用知识做成事情，即使这些知识是肤浅的、程序性的，没有达到更深层次、概念性的程度。

可以说，培养各种读写素养（literacy）[88] 与流畅性（fluency）[89] 的努力已经将这些理念扩展到语言领域之外了，且越来越受欢迎，这并非偶然。归根结底，读写素养是运用所学知识（如语言知识）理解新信息（通过阅读）的能力。换言之，读写素养是运用信息进行认识的能力。[90] 它表达了这样一种理念：努力培养业余专家爱好者（expert amateurism），以及为未来学习作好准备。[91] 精通某一学科意味着要掌握该学科的核心概念，或者"像该学科的从业者一样思考"。[92] 遗憾的是，这些概念是思维的基础，它们通常是不言而喻的，且难以枚举。

关键知识框架

CCR 框架深受已有框架的启发。我们的目标不是要"另起炉灶"，而是创建一个尽可能综合又简洁的框架。我们回顾了许多基于概念的框架，下表展现了对我们形成最终框架至关重要的一些框架。

描述知识的术语归纳表

	知		行	
	大图景	小图景	大图景	小图景
学　科	大概念[a] 基本问题[a] 理论[b] 原理[b] 中心观点[c] 学科核心观点[d] 典型观点[e] 阈值概念 （Threshold Concepts）[f] 持久理解[g]	基本问题[a] 微观概念[b] 概括[b]	核心任务[a] 过程[b] 核心任务[c] 实践[d]	策略[a] 技能[a]
非学科	探究线[c] 基本问题[a]	宏观概念[b] 概念[c] 交叉概念[d]	跨学科技能[c]	子技能[c]

表中的字母表示：理解性教学设计（a）；基于概念的教育（b）；国际学士学位（c）；新一代科学标准（d）；意义领域（e）；Meyer和Land（f）；Rubicon（g）。
来源：CCR

　　这些框架的共同点是：把概念放在首位，对内容采用了"少即是多"的组织方式。它们并不增添课程中需要包含的方方面面，而是对内容进行合并，将其高效地组织起来，发挥迁移的作用。[93] 正如我们之前讨论的，为促进迁移，学习者知与行之间必需达成平衡。极端的"行"会产生配方型知识，学生知道如何做事，但他们并没有利用深层的理解，只是记得完成目标所必需的表层行动。因此，许多框架都明确要求知行合一，以掌握知识的核心。类似地，要超越某学科进行思考，需要将知识迁移到新的情境中，这一点在知识框架中常被提及。"描述知识的术语归纳表"归纳了在知—行和学科—非学科的两种分法下，各知识框架之间的关系。[94]

例如，在学科中，"大图景"涉及的是基础性的问题，其指向学科大概念或学科前沿，如"时空有多少维"。"小图景"涉及的是深入探究内容必不可少的基本问题，如"光的波动是如何表现的"。

在非学科中，"大图景"涉及的是永不过时的基本问题，这类问题讨论起来很有趣，而且在不断发生变化，如"什么是正义"。

在课程建设中，将知与行一分为二可能不具有实际意义。毕竟忽略任何一方都会导致知识不扎实。因此，我们的框架不包括这种区分，只是聚焦设计一种过程，来确定教哪些概念和内容，以及如何加以组织。真正的概念学习必定同时包括知与行两个方面。

作为工具的概念清单

目前很多研究都在尝试收集、组织和评估各学科更深层的概念。对于大学层次，也已经有各种各样的研究来创建科学的概念清单，以评估学生学习学科关键概念的情况。概念清单是这样创建的：先从学科专家和教育者那里收集输入，然后构建多选题测试，这种测试使用"干扰答案"来诊断学生特定的概念结构，并鉴别常见的迷思概念。下面是一个示例问题[95]及对应的答案选项。

想象你是细菌细胞内的一个ADP分子。你将设法"找到"ATP合成酶，这样你就能变成ATP分子了。下面哪个选项最好地描述了这个过程？

设计这个问题在于检测学生是否理解了"扩散是由分子的随机运动造成的"。

a.我将跟随氢离子流。

选择该答案的学生认为，ADP可以识别氢离子梯度的位置。

b.ATP合成酶会抓住我。

选择该答案的学生认为，ATP合成酶能感觉到ADP的存在并主动抓住它。

c.我的电负性（这是主要因素）会吸引我到ATP合成酶那去。

选择该答案的学生认为，电荷是ADP和ATP合成酶互相吸引的原因。

d.我将主动移动到正确的地方。

选择该答案的学生认为，ADP在某种程度上会被放置在正确的区域，这样它就靠近ATP合成酶了。

e.随机运动会将我带到ATP合成酶那去。

这是正确答案。换言之，ADP是通过ADP分子的随机运动找到ATP合成酶的。

通过集中的学生访谈过程和迭代的问题开发，这些诊断工具可用于诊断学生关于某个科目的概念。首个概念清单是1992年创建的"力学概念清单"（FCI）；[96] 到 2008 年，在科学领域已经开发出了 23 个概念清单，并引发了对高等教育 STEM 学科的最佳教学实践的讨论。

我们相信，为确保有效性，这一努力需要在三方面进行拓展：

（1）它应当用作课程设计工具，而不仅是诊断工具；

（2）它应当包括 STEM 之外的学科；

（3）它应当进行调整（如若必要）以适用于 K-12 的学生。

如果采用数字化形式，将能够实现持续成长、多元贡献者、互相联结的组织系统等，这个扩展版项目的实施会更为有效。[97]

组织的层次

随着以概念为中心的知识框架和概念清单扩展成为整个课程的基础，我们必须考虑概念的层级，以及内容如何与概念相适配。我们借鉴的框架鉴别了不同内容层次的概念（如跨学科、特定学科、特定分支或特定科目）。K-12学科内以及跨学科也有许多核心概念，我们建议清晰地解释这种内容／概念的关系，这样，学生能最高效和最有效地从核心概念中建构意义。

通过概念组织内容

随着概念清单扩展成为整个课程的基础，就必须在不同的内容层次上进行组织。如果课程的某一内容与任何概念都没有关联，它也将无法与学生头脑中的概念建立联系，因而也无法成为有用的、可迁移的知识。在大多数情况下，课程设计是为了"击中"某门学科的主要内容领域，让学生接触广泛的论题；然而，这种组织理念必然会导致碎片化、孤立的内容。但是，如何在学科内或跨学科地组织概念呢？具有开创性的"力学概念清单"提到了一种"分类学"，它将条目分门别类，类别包括"运动学""动力""作用力／反作用力"等。[98] 其他概念清单提到了"概念群"[99]、运用"分测验"[100]、"宏观和微观层面"[101] 概念，或探讨了诸如"成熟"[102] 的跨学科概念。许多框架也提到了概念之间的相互联系。准确的概念化取决于框架的组织方式，不过相关研究普遍认为，概念是相互关联的，因此，人们的理解是彼此影响的。

我们提出了一种新的结构以区分内容和概念，并确定每个内容组织层次上的少量核心概念（有许多跨学科的联系）。论题处于最小的单位水平，包括内容本身；它们可以直接进行教授，但应当主要用于例证、示例和应用更高层次的核心概念。这种方法的优点之一是，特定的内容（如细胞的组成部分）可以继承更高层次的核心概念（如科学推理），甚至继承其他学科的概念（如劳动分工）。这一组织帮助课程设计者时刻把握学习目标与教学内容之间的差异，形成从不同角度重新审视重要概念的结构。[103]

内容结构

尽管每个学科都有有效方法进行组织意义，但从根本上说，最重要的不是解决重组课堂自身面临的逻辑挑战，关键是，意义构建要和各组织层次的核心概念联系起来。对很多学校来说，大规模重组是不可能的，因此 CCR 框架的设计要尽可能便于实施。

我们为不同的类别确定了相应的名称。上一类别由下一类别构成（如学科由分支构成）。

- 学科（disciplines）——数学、历史、科学等；
- 分支（branches）——代数、西方文明、生物学等；
- 科目（subjects）——博弈论、俄国革命、生态学等；
- 论题（topics）——囚徒困境、处决罗曼诺夫家族、觅食理论等。

应认识到的是，没有任何本体论和分类学能始终保持一成不变并适用于所有情况。例如，将科学和生物学视为同一学科层面也许很有价值，因此也可以将学科类型分为两层。在每个层次上，类别表示内容的特定分组以及一组定义核心概念的特殊集合。

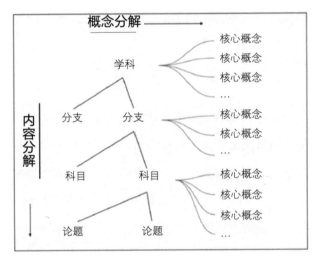

各内容组织层次的核心概念示意图
（只有论题可以直接教授，因此必须包含更高层范畴的核心概念）
来源：CCR

生物学（分支）是一组研究生命和生物的内容；它的核心概念可能是"结构和功能相互关联""自然现象往往表现为复杂系统"等。它是科学（学科）的一部分，科学有其自身的核心概念，比如"科学解释、理论和模型都建立在证据集的基础上，并总是包含一定程度的不确定性""科学的应用通常有伦理、社会、经济和政治的影响"，以及"科学假设每种效应都有一个或多个原因"。科学关注的是经验和集体的知识建构，这和艺术学、人文学科就有很大的差异：艺术学关注美，人文学科关注道德或叙述。

　　将核心概念分配到每个层次，能避免广泛而普遍的混淆模式。课程常常只选择其中的几个层次，试图纳入所有相关的核心概念或大概念，就会导致冗余、不完整和令人困惑的层次混合。比如，一项严密的研究探索了生理学的核心概念[104]，该研究综合了教学人员的回答，以确定该领域的核心概念。虽然这一列表最初不是基于核心概念的宽泛程度来组织的，但我们将这 15 个大概念分为三个基于内容的类别：学科、分支和科目。

将生理学的核心概念分为三大抽象内容层次

科学（学科）	生物学（分支）	生理学（科目）
因果律：[生命有机体]遵守因果机制（机器），它们的功能可通过描述显现的因果关系来解释。	**物理 / 化学**：生命有机体的功能可通过应用物理和化学定律来解释。	**细胞通讯**：有机体的功能要求细胞之间互相传递信息，以协调活动。这些过程包括内分泌和神经信号。
科学推理：[生理学是科学。]我们对[身体功能]的理解源自科学方法的应用；因此，我们的理解总是试探性的。	**能量**：有机体的生命需要不断消耗能量。能量的获取、转化和运输是身体的关键功能。	

组织层次：理解［生理功能］需要理解从分子到社会的各种组织行为。

质量守恒：任何系统的成分或组成部分都由该系统或区室的输入和输出决定。

进化：进化机制对组织的许多层次都有影响，导致了适应性变化，从而创造了结构与功能之间现存的关系。

体内平衡：有机体的内部环境通过负反馈系统中的细胞、组织和器官的功能主动维持稳定。

互相依赖：细胞、组织、器官和器官系统彼此交互（取决于彼此的功能），以维持生命。

结构 / 功能：细胞、组织或器官的功能由其形态决定。结构和功能（从分子到有机体系统）本质上是互相联系的。

细胞膜：质膜是一种复杂的结构，决定了进入或离开细胞的物质。质膜对细胞发信号、传输和其他过程都是必不可少的。

细胞学说：构成有机体的所有细胞 DNA 都相同。细胞有许多共同的功能，但也有许多有机体需要的特定功能。

从基因到蛋白质：每种有机体的基因（DNA）都会为蛋白质合成（包括酶）指定遗传密码。每个细胞的功能都是由表达的基因决定的。

向下流动梯度：[105]"材料"（离子、分子、血液和空气）的运输是有机体各级组织的核心过程，这种运输可以用简单的模型描述。

　　根据层次组织核心概念，每个论题的概念数量就变得可控了，因为高层次的概念适用于所有低层次的情境。在上述例子中，由于科目是"生理学"，就不需要在"科学推理"和"向下流动梯度"之间作选择，因为这是根据范围组织的。其他概念中心的框架都只是部分基于概念分类学划分了概念。下页表比较了CCR 框架与类似的概念中心框架。

概念第一的课程框架，以及与 CCR 框架的比较

基于概念的教育	大概念	阈值概念（TCs）	概念清单（Cis）	探究项目	CCR
跨学科	宏观概念	基本问题：重要或永不过时的；值得讨论；不断发生变化，如"什么是正义"。	跨学科的阈值概念（如"相变"）。阈值概念可以在课程中垂直或水平地进行整合。	无	概念之间相互关联。如数学与科学关系密切。某些重要概念，如认识论概念，本质上是跨学科的。	（跨领域科目的）核心概念
学科	理论原理概括微概念	基本问题：基本或基础的；指向大概念与学科前沿，如"时空有多少维？"	阈值概念通常是在特定学科内界定的；概念对学生来说是可变的、综合的、不可逆的、有界限的和困难的。	概念清单在学科内进行开发，但测试的概念可能适用也可能不适用于整个学科。	学习进程由经验确定，系统地包含各个范围的概念。	（学科的）核心概念
分支		基本问题：对学习核心内容是至关重要或必要的？有助于深入探究内容？如"光的波动是怎样表现的？"	分支和科目阈值概念之间的区分很小——都统称为"微概念""阈值概念"。	大多数概念清单处于分支或科目层次（例如，电气工程清单在场、波、场与波设有 3 项子评估）。		（分支的）核心概念
科目						（科目的）核心概念

来源：CCR

基本内容

当被问及教师希望学生从课堂中学到什么时，CCR 主旨会议的参与者和 CCR 研讨会上的教师很少提到内容的细节。在现实世界中，任何特定的内容都可以即时搜索。这就产生了一个问题：在课程中哪些才是必需的基本内容？要回答这个问题，我们必须先考察下教学内容的目的。

若能搜索到任何东西，为何还要学习？

学习是在情境中发生的，随着时间推移，它就一般化和抽象化了，但是，在很多情况下，在网上找到的孤立信息无法完全纳入情境。丹尼尔·威林汉（Daniel Willingham）[106] 将网络搜索信息与学习词汇表作了比较。学生在学习新单词时，需要将新单词运用到句子中，这样就不只是学习单词的定义，也学习了如何在情境中运用单词。当学生只是在网上查找同义词时，他们最后通常会错误地使用这些同义词，比如学生会说"he meticulously balanced on the edge"（他一丝不苟地在边缘保持平衡），这里使用了"meticulous"（一丝不苟）来表示"careful"（小心翼翼）的意思。丹尼尔·威林汉认为，同样的推理应当适用于所有的内容学习。仅仅有查找事实的能力，还不足以正确地使用和应用事实。

避免达克效应

知识的一个重要用途，是引导我们去学习我们并不知道但应当了解的东西。作为成年人，我们运用大量的关键知识粗略地描绘我们的理解及其差距。演员约翰·克利斯（John Cleese）曾幽默地解释了达克效应（Dunning-Kruger effect）[107]："如果你很蠢，你怎么可能意识到这一点呢？你必须相当聪明，才能意识到你到底有多蠢。"如果对科目领域缺乏最低理解，一个人可能陷入的陷阱不只是无知（这可以通过网络搜索解决），而且是"元无知"，即对自身无知的无知[108]，这可能更为有害。

比如，推理经济政策时，公民必须能估计各种经济现状，将之与理想状况作出比较，并考虑可能的变化。在 2014 年的盖洛普调查（Gallup survey）中，63% 的美国人表示，他们相信犯罪率在上升，尽管犯罪率事实上处于 20 年来的最低点。于是，这些人支持更严格的枪支管制法律的可能性就降低了 8 个百分点

（译者注：犯罪率上升，美国人则更需要购买枪支保护自己）。[109, 110]

如果某人不知道自己的估计并不能代表现实，那他可能就不会想到去查阅真实的数字。事实上，在这项研究中，作为美国两大主要政党的支持者，双方参与者都以同样的方式歪曲了不平等，并就理想的分配达成了一致。因此，事实的信息在批判性思维与创造性思维中发挥着至关重要的作用。

其实，具备网络搜索能力有可能加剧达克效应。在一项研究中[111]，允许使用谷歌回答细节问题的参与者，会感觉自己比那些不允许使用谷歌的人更聪明（甚至在将问题回答的正确率人为保持在相等的情况下）。

日常生活中使用的速度、流畅性和自动性

每门学科都有日常生活所必需的基本水平。比如，通晓某些基本的数学概念，像重量、温度和钱币，是必要的理解水平。[112] 对神经正常的儿童来说，不需要协力合作就能达到这一水平，但重要的是要谨记，课程的哪些部分对所有学生的生活是真正有用的。

共同的社会背景

想一下为当地人指路和为游客指路的区别。当为游客指路时，我们自然明白不能依靠共同的信息或假设，我们要花更多时间来解释当地人认为理所当然的东西。[113] 同样，新闻和媒体的撰

写不能只是解释每个观点，观点均假设并依赖于一组特定的背景信息。在《文化素养》（*Cultural Literacy*）一书中，赫希（E.D. Hirsch）努力探索哪些内容属于美国的背景信息目录（如胆固醇、绝对零度）[114]，但是，当面对来自世界各地不同的子社区和其他文化背景的人时，他所列的清单必将有所调整。不过这确实是重要的尝试和有益的开端。

更复杂概念所必需的

可以说，每个复杂概念都是由更小块的信息组成的，这些信息需要自动性来达到更复杂的理解。当人们能随时查阅任何东西时，必须查阅一切相关材料反而会阻碍未来的学习与问题解决。比如，尽管你可以查阅任何陌生的单词，但这一过程会分散阅读的注意力。通常来说，一个人知道的词汇越多，阅读能力也越好。[115] 当学生必须实时加工信息，如在听讲座或做小组作业时，以及他们有需要却无法按照自己的步骤查看信息时，这一问题就变得更严重了。

这种情况下，缺乏在低阶概念的流畅性或自动性（准确性与速度结合），会成为学习更高阶概念的障碍。[116] 更宽泛地说，研究表明，流畅性"提高了技能和知识的保留与维持，增强了耐力或注意力，并提高了培训的应用性或迁移"。[117]

然而，学习概念往往不是积聚小块信息的简单过程。下面列出的是学习进程研究背后的思想：莫舍（Mosher）的《读写能力、学习进程和教学的思维漫游指南》（*A Hitchhiker's Guide to Thinking about Literacy, Learning Progressions, and Instruction*）指出，"课程设计应当使学生系统接触逐渐复杂的意义……并将其根植于特定内容与论题的体验之中"。[118] 以某种顺序或某种路径学习科目，将导致知识以不同的方式表征与储存，并为不同类型的未来学习作好准备。因此，某些知识被纳入课程的另一个原因，在于它们是特别有效的学习进程的一部分。

作为核心概念基础的内容

就算教师期望学生掌握的大部分知识都是能在新情境中应用的概念，仍然需要确定的是，到底哪些内容最能说明这些概念，这样学生就能学习这些概念并迁移理解了。学习特定概念的情境深深影响了它在学习者头脑中的组织方式。[119]

组织课程内容时，应当建构为具有某种范围和序列的进程。基于这种序列，后面的元素可以利用先前形成的理解，随着时间推移，课程构建就可以高效地覆盖更大的复杂性。正是在课程的背景下，内容将元素联系在一起，由此内容元素呈现出相对的范围。莫舍的《读写能力、学习进程和教学的思维漫游指南》指出："没有哪种特定的教学顺序是必然的，但我们认为，在学校或学校系统内（可能的话甚至范围更广）选择一种合理的顺序较为明智，比起让个体教师作出选择，这可能更为有效。"

因此，当第一次引入某个概念时，应当使用范例（exemplar）[120]，即能自然展示这个概念的内容，这样学生就能内化一系列直觉。这意味着它不只是范例，还是例证（exemplifies）[121]：它凸显了与概念相关的特征。范例内容应当是稳定的、可理解的，具有最小的分散属性。[122] 每个论题都具有许多信息，且某些信息对某个概念而言是信号，对另一概念而言就是干扰，因此，使用范例前通常要作一些铺垫，不断引导学生聚焦相关特征。通过不同的内容考察同一概念，作为深层结构一部分的元素和与情境相关的元素就变明确了。[123]

不过在此之后，概念的探索应在稍加复杂的情境中进行，教师提供的支架也应减少。该阶段，某个论题可能是一组不同概念的范例，但仍然是已教概念的实例（instantiation）。论题是许多"概念实例"中的一种，它也具有许多其他的特征。换言之，某个论题是概念的一个例子，但不是一个范例。

如果在色环教学内容中，以红色为范例，那么，指出街上所有红色的东西是有用的（尽管这个论题可能是学习方向关系的范例——这也是你在街上的原因）。这样的概念可能并不突出（伪装的、闭塞的、遮蔽的，或是模糊的例子[124]），但学生可以练习概括这个概念，并调整自己的理解。

这种结构很自然地利用了学习科学中最有力的发现之一：相比学习自然分类的信息，交错的信息最终应该被整合，才能带来更为长期的学习。[125] 这一理论通常适用于内容，但该情况下，内容与概念的显式解绑导致了必然的内容分组，从而导致概念交叉。[126]

最后，某个概念可应用到与之远离的论题中。其挑战在于，教师没有明确提示概念的应用，更接近于现实生活场景的模拟，并且（或者）概念在情境中并不凸显。在教"红色"这个概念的例子中，应用论题可能不包括任何红色的东西，但学生可以认识到，红色是产生橘色、紫色的一部分，而这些颜色是应用论题所包括的。混合凸显不同概念的情境，能够支持构建概念理解的脚手架，能促进同时地、系统地建构复杂概念，并使之能够迁移到真实生活的情境中。这就是专家最终获得概念理解的过程，它显然也可以作为课程设计的指南。

在探究性项目中，我们总是在同时教授多个概念的情况下讨论这个概念："我们总会考虑概念的分量（突出某些概念，弱化其他概念），致力于研究连续的子概念，比如规模量，每个子概念都涉及与概念各部分之间的关系，涉及回顾概念，并详述子概念与所涉情境。"[127]

作为素养基础的知识

虽然在本文中，我们没有详细讨论素养的问题（详细内容请参阅《四个维度的教育——学习者迈向成功的必备素养》(Four-Dimensional Education: The Competencies Learners Need To Succeed)[128]，但是，知识不能完全在真空中进行讨论。教学生如何思维、如何学习和如何应用社会情绪技能固然有其重要性，但这种认识常常会遮蔽应当教哪些内容这一首要问题的讨论。然而，重要的是要注意到，学习是高度情境化的，因此素养的教授最好通过合适的内容载体或媒体。[129] 我们有理由相信，某些内容更适合于培养某些素养。[130]

例如，数学是否是很好的批判性思维的教学工具（按照通常认为的那样），这一点目前尚未清楚。人们一旦掌握数学，就会发现它是非常严密的，但对新手来说，这一特征会使它变得难以理解和实践。[131] 或许，在更具体的领域，如社会研究，或者更容易实施的学习机制，如辩论，会更为有效。这也表明，需要进一步的研究来证明／证伪不同学科在认知能力发展上的显性和隐性的论断。

现代化知识

当选择课程要包含的内容时，确定内容有没有过时很重要。这一点很具挑战性，原因如下：

首先，随着收集到信息的增多，人们对事实的认识会发生变化，且从总规模看，特定学科内的事实呈现可预见的衰减率。[132] 因此，就算某人可以学会所有最适切的事实，随着生活的继续，越来越多的知识将变得不再正确。学无止境，现在的学习一直在为未来的学习打基础。

其次，可获得的工作种类在不断变化。由于普遍的线性思维倾向，进步的非连续性及其带来的需求无法预测，预测新的职业总是困难的。有些人断言，有些工作消亡了，自动化正在彻底改变劳动力；另一些人则认为，很多工作被取代的同时，自动化也创造了同样多的工作。无论如何，今天世界各地的劳动者所能获得的工作种类，与 20 年前已经很不一样了。[133]

下图显示了 1995—2015 年之间劳动者工作种类的变化。从该图看，工作的两极分化很明显。高技能工作（如管理和专业人员）的数量和低技能工作（如服务和零售）的数量都有增加，但

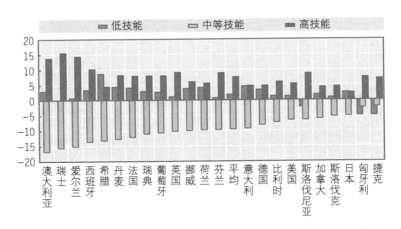

各国就业的两极分化
1995—2015 年就业市场份额的百分比变化。在所有国家中，中等技能工作的数量平均减少了 10%。高技能工作约增加 8%，低技能工作平均增加约 2%。
来源：OECD

中等技能工作（如贸易、机器操作和装配）正在消失。考虑到这一趋势，迫切需要的是帮助学生为复杂内容领域建立坚实的基础，帮助他们应对一生中可能需要的技能提升。

特别地，涉及可预测的体力工作、数据加工和数据搜集的任务最有可能实现自动化，而这类任务占据了美国所有工作活动的50%（见下图）。[134] 最不易实现自动化的是那些需要专长、与他人互动，尤其是需要管理能力的任务。显而易见，因为算法将首先取代最机械的任务，所以人们需要管理这些计算机，就像管理由人类执行的任务那样。

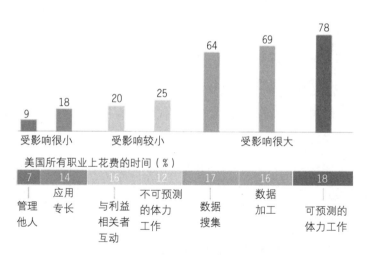

上部分：采用现有技术能实现自动化的活动花费时间的比例
下部分：美国所有职业上花费时间的比例
来源：McKinsey

最后，判断更深刻的趋势非常重要。世界在多个领域越来越快地发生变化：技术、环境、全球化和认识的进步，这些将改变课程应包含的内容。比较理想的是，教育改革将尽可能缩小人类进步与职业准备之间的巨大差距，为人们进入不断变化的劳动力、社会和生活环境作准备。这些变化要求当下过时的课程增加不同的内容领域，且进行各种更新，聚焦于学生从内容领域中应学到的东西。

这些趋势将影响创造意义整个过程中的重要内容，主要可归纳为下列变化：

1. **技术**：预计特别具有变革性的趋势[135]包括：

（1）智慧机器和系统（如机器人学等）的出现；

（2）海量数据和新媒体（大数据、社交网络／媒体等）；

（3）增强人类功能（AI、机器人学、基因编辑等）。

2. **环境**：气候变化是新的、大范围的挑战，其压力与需求必须加以解决。[136]

3. **全球化**：人与组织之间的联系愈发密切，并创建了前所未见的模式。[137]

4. **社会动荡**：随着更大的不平等、两极化、不信任与大规模变革，全球性社会动荡必须予以消除。

5. **学科前沿**：课程通常无法纳入新的发现，因为它已经被填满了；课程应当经常更新，以包含新的重要发现。

把握这些变化的方法之一，是运用早先提到的六大意义领域。每一领域大致包含一组学科，这是一种确保考虑了所有内容的简易方法。交叉引用这两组类别就形成了一张表格，它说明了需要强调或大幅增加的论题与学科类型。下表展示了相关的案例。

主要变化→ 意义领域↓	技　术	环　境	全球化	社会动荡	领域前沿
符号的	统计学、大数据、编程	数据分析、建模	用于翻译的自然语言加工、国际法、国际经济	政治科学、社会公正理论、哲学、法律	博弈理论、逻辑学
经验的	机器人学、工程、家用电器	太阳能板、风力发动机、气候变化	不同语言的自然语言加工	面向社会科学的信息素养	量子论物理学
审美的	私人 vs. 公众的自我形象	欣赏自然美，风景艺术	培养不同文化的品位（事物、艺术、音乐、生活方式等）	接触与自己不同的人类的内心世界	新媒体、新艺术运动
个人的	社交媒体、通信、市场营销	生态足迹意识、公民意识和行动主义	创业精神、文化敏感性	实践适当的辩论，以理解为基础，共同体组织	整体健康
伦理的	在我们与机器更融合情况下的自治与问责；分布式信任[138]	为子孙后代留下更好的地球	文化敏感性	面向所有种族的明确的伦理框架	道德心理学

（续 表）

主要变化→ 意义领域↓	技 术	环 境	全球化	社会动荡	领域前沿
综合的	三角来源	互相关联的系统（经济学、生态学、心理学等）共同努力，创造出我们身处的大规模趋势	多元视角，如关于知识发现史的国际视野	整合关于社会议题的不同观点	后现代主义及对其的回应

交叉引用意义领域和社会主要变化生成的表格，它展示了需要增添的内容
来源：CCR

为反映社会正在发生的变化，适当增加现代的学科、分支、科目和论题，不为惰性所限制很重要。当下，传统学科挤占了这些学科的位置。但这些学科正在变得越来越有用，理应在课程中占有一席之地。下面（不详尽地）列举了应当整合进课程的现代内容领域。

技术和工程

包括计算机科学，尤其是编码、机器人学与 AI；生物工程，尤其是基因组编辑和合成生物学；以及高级制造，包括 CAD 软件和 3D 打印。

媒　体

互联网为社会带来的变化才开始，但这些变化已经极具变革性了。每个人都一直在消费和创造媒体，这已经成为社交世界不可分割的一部分。不过，如何正确和健康地使用媒体却鲜有教授。课程必须改变，与时俱进。媒体包括不同形式的报纸杂志，以及音频和视频。如果每个人都可以制作视频，这对于有效地和世界互动意味着什么呢？人如何能发现自己的声音呢？

创业和经商

随着工作要求技能水平的两极化，劳动力的需求图景不断发生变化，且随着经济的持续增长，学生需要作好准备，利用生活中出现的各种机会。在大学毕业后找到一份工作，并在工作单位干到退休，已经不够了。学生必须从商业的视角处理其职业。

个人理财

随着工作越来越不稳定，机会越来越多样，法律越来越复杂，个人债务不断增长，人们进入劳动岗位后，要安排好财务生活。这可能是学生需要学习的最有用的知识，它同所有学生都密切相关。

整体健康

学生应当学习预先在精神、情绪和身体上照顾好自己，而不是等问题成堆了再作处理。这就是为人所知的"整体健康"，它是个非常宽泛的范畴，常横跨体育和健康教育。当今社会，抑郁症、焦虑、肥胖和慢性背痛已成为普遍的问题，学生应了解相关知识，并有权保持良好的状态。他们也应当学习人际关系的整体健康——什么构成了情感或精神虐待，如何处理人际关系，他们也需要通过实践，形成自身的情绪意识基础。

社会科学

社会科学将人类作为研究主题，并运用系统的研究方法，包括社会学、人类学、心理学、政治科学、未来学、公民学等。这一研究领域不仅产生了重大的进步，而且在许多与人打交道的职业中也变得非常重要，不过它也需要重要而独特的方式建构社会世界的意义。学生要应对的世界中，人际关系越来越重要，社会科学就是要处理好这些问题。

根据发展趋势，命名更加适切的学科、分支、科目和论题只是第一步。随着材料不断地整合，明确核心概念及有效的范围与序列是必不可少的。重要的是要意识到，增加现代学科不意味着必须抛弃传统学科。增加现代学科可以是一种整合的行动，因为来自之前相对分离学科的重要概念，或许可以将新旧材料结合起来，同时加强和加深理解的潜力。

整合的方式意味着必须删除某些内容。重新设计的课程应更加高效，事半功倍。从多方面看，长久以来，课程一直是停滞不前的（见附录1）。梳理课程内容，删除过时的、冗余的、不能高效利用时间的部分，是重新设计课程中很重要的一步。通常这也是最困难的，因为移除长期存在的东西和其他许多课程中存在的东西（如果做得好，可以作为概念的一个例子），会让人感到有风险。根据珀金斯的观点，"课程好比拥堵的车库，保持原样看上去更安全、更容易"。[139] 但课程的关键不在于覆盖尽可能多的内容。没有移除，变革也就不会发生。

非学科结构

迄今为止，课程结构的讨论都基于这样的假设，即学科是相当不同的，它们的教学也是如此。不过，情况不总是这样。

学科是便捷的组织知识的方式，但是，如果要变革，并学习深层次的、适切的、可迁移的概念，可能就需要更加跨学科的方式。从根本上说，如果知识最重要的方面是其相关性——映射概念和激活资源——那么，在更多的学科间建立更多的关系，是支撑概念心态模型（以及巩固内容）的有力方式。比如，指数（数学）可以和复利（金融）、金融泡沫（历史、社会学）、细菌生长（生物学）以及资源枯竭（环境素养）等同时教授。

另外，跨学科方式能成为强有力的动机工具，因为学生可以探索概念的不同情境、含义和应用，并找到他们自己好奇的角度。这样，学生会受到内在动机或兴趣的引导，而不是外在动机的引导，比如成绩或表现。

美国国家科学院曾发布了一个报告 [140]，鉴别了当今跨学科的四种驱动力：

- 自然与社会的内在复杂性；
- 探索跨学科问题的渴望；
- 解决社会问题的需要；
- 新技术的力量。

事实上，自 20 世纪 60 年代以来，人们对跨学科及其类似物的兴趣就很快显现了。

跨学科研究已经成为当今一个主要的研究领域，并且人们对它的兴趣在不断上升（见下图）。为了清楚地理解整个知识领域及各学科间的相互联系，我们或许可以利用新的分析和成像工具，如本书前半部分所讨论的。

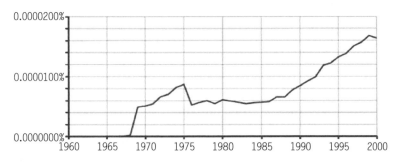

1990—2007年间标题中带有"跨学科"一词的文章数量
来源：Jacobs, Jerry, and Frickel

在课程设计中嵌入跨学科主题

贯穿各个学科的是跨领域主题，它们从不同学科内容中提取出来，可作为任何学科内容的例子来源。它们还可应用到其他知识体系中，在一个特定的角度，以其特定的焦点，审视某种知识体系。

这些主题通常被视作不同的素养类型，它们自然而然传达了"运用理解进行认识"和"为未来学习作好准备"的理念。在这种意义上，这些素养与学科处于同等的层次，但在本质上，它们是跨学科的。正如学科一样，每种素养都有自己的一套核心概念，囊括了每个跨领域主题包含的思维特质。CCR 鉴别了以下富有成效的跨领域主题（附录 1 对此作了更深入的讨论）：

- 环境素养
- 全球素养
- 公民素养
- 信息素养
- 数字素养
- 系统思维
- 设计思维
- 计算思维

在设计课程以掌握可跨学科运用的知识时，这些都是需要考虑的重要类别。像学科一样，每个视角都有自己的核心概念，通过一系列不同的内容来源，以期学生能将其内化。

学科变化

学科间的确切联系和界限始终在不断转变，即使这种转变很缓慢。随着时间的推移，学科分支会产生子领域，并合并生成跨学科的领域。例如，如下页图所示 [141]，神经科学领域是作为分子与细胞生物学、心理学和神经学的综合体出现的，而泌尿学是作为子领域出现的，它从药学中分离出来。

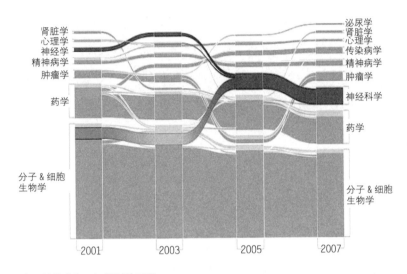

神经科学成为一门学科的历程
来源：Roswall, Martin, and Bergstrom

如果不考虑时间的方向性，所有学科都是跨学科的，因为每个学科都是基础，都对其他学科有贡献[142]，或者说，某些学科是其他学科的组成部分。新学科在某种程度上由老学科合成（如光遗传学包含了光学、神经科学和遗传学），或者新学科是子学科，是从原有的学科中分离出来的（如土木工程）。

课程倾向于关注源学科（root disciplines）（尤其是在某些压力下，如独立检测源学科的评估）。随着课程目标将转变为教授更多更新的跨学科主题，源学科内部的跨学科性也凸显出来。

将概念置于课程的中心，跨学科的可行性将变得更高；课程内容的设计将服务于更抽象的元素，从而实现迁移。在这种情况

下，审慎地选择一些例子，帮助学生为跨学科学习作好准备就很
必要了。

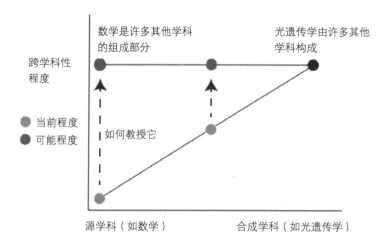

所有学科的跨学科性，包括源学科和合成学科（composite disciplines）
来源：CCR

重新设计课程对学科的处理有以下几种选择：

1. **传统型**（Traditional）：直接分门别类地组织学科，而现代学科只是作为某个单元或选修课加入相关学科。

2. **混合型**（Hybrid）：学科原封不动，但学科各部分采用新的分类方式，具体可以是上文讨论过的跨领域主题，或是更前面提到的意义领域。

3. **重新设计**（Redesigned）：学科不再是课程的组织主干，课堂更多关注混合主题，如"系统思考"，这让增加新兴学科变得更加自然。

各学校选择课程的路径决定了他们的目标、能力、投入、压力等，即使一个传统的组织结构，也可以通过项目和核心概念之间的联系，朝着跨学科教学不断前行。然而，相比通过明确基本内容和核心概念，并基于此构建学习体验，确切的组织结构并不重要，重要的是通过确定基本内容和核心概念，并围绕这些内容和概念组织学习经验，实现对基础知识的牢固而灵活的理解。

决　策

组织课程的主要张力之一是作出各种决定的层次。最高层次的决策来源于学科专家和政策制定者，其次是课程设计者，然后是教师，最后是学生。我们完全可以提前规定所有的元素，或者将所有元素完全留由学生抉择。当然，大多数组织都选择介于两者之间的做法。责任的具体分配取决于特定管辖范围的限制和偏好，但应明确规定这些限制和偏好[143]，并将其作为恰当的劳动力分工、相应期望和沟通渠道的指南。

结　论

一旦确定了核心概念的层次，就必须逐个考虑要包含或要排除的特定内容片段。[144] 不应当存在任何不服务于概念的内容。大多数内容将例证一个特定的概念，这样的概念极具潜力，可有效服务于对世界诸多方面的理解。此外，这一特定的概念还应作为其他概念的良好实例或应用，这些其他概念应当是已经得到过例证了的。

除了服务于概念以外，横跨中小学各层次教育的内容应该：

（1）通过增加新学科和将新方法应用于旧学科，包括跨学科，实现教学内容现代化。

（2）系统地提高复杂性，这样学生在不断学习的同时，能够与愈加抽象的（但相关的）概念建立更广泛的联系。

（3）教学能力的基础，包括技能、品格和元学习。

内容更新的目标是消除课程中过时的、无关的信息，同时对内容进行现代化、系统化排序，并将素养融入内容。学生应当学习不同学科看待世界的方法，以及学科内部和跨学科的重大主题和发现。换句话说，目标是实现课程中意义建构的潜力最大化。这不仅是为了让学生发现学校更加有趣，还是为了让他们当下的学习在未来生活中更有用武之地。如果没有意义，建构理解也就无从谈起，学习也就难以实现内化，也就无法应用于原始内容之外的情境。

这个观点可以用学习演奏乐器的过程加以类比。从音阶练习开始并没有任何问题，只要不久之后能开展更有意义的学习。但学生很有可能过度专注于音乐的细枝末节而忽略了其意义。下文是《一个数学家的叹息》（*A Mathematician's Lament*）[145] 的摘录，描述了一个反乌托邦的世界，在那里，教授音乐就像现在人们教授数学一样：

> 众所周知音乐家以乐谱的形式记录想法，这些奇怪的黑点和线条必须构成"音乐的语言"。如果想要具备任何层次的音乐素养，学生必须能够流利使用这种语言；的确，如果没有牢固的音乐记谱和理论基础，就期待孩子能够唱歌或演奏乐器，那是无稽之谈。不要说创作音乐作品，光是演奏和欣赏音乐就已经是非常高层次的专题了，通常到大学甚至研究生院才被纳入课程。至于小学和中学，他们的任务是训练学生使用这种语言——根据一套固定的规则来摆弄音符：

"在音乐课上，我们拿出五线谱。老师在黑板上标出一些音符，我们跟着老师照抄下来或将它们转换成不同的音调。我们必须正确地写出谱号和音调符号，老师非常严格，确保我们完整地填写了四分音符……"

为了避免这样错误地对待其他科目，需要重视每个课程存在的理由，并且其意义绝不能遥不可及。学生可以继续练习音阶和乐谱，即使他们开始演奏独奏曲目，成为管弦乐队的一员，或创作自己的乐曲，甚至学会即兴创作。最终，他们永远不需要完美地弹奏出某个音阶（或是在其他科目下完成一个类似的步骤），但他们将能够凭借音阶赋予的自动性，开展更高层次的活动，如作曲和即兴创作。因此，将意义作为重中之重才是最为关键的，而所有其他方面都要服务于此，只有意义才能有效地在学生身上实现内化，并让他们能对未来的诸多可能作好应对的准备。

怎么学?

AI 对教与学
的前景与启示

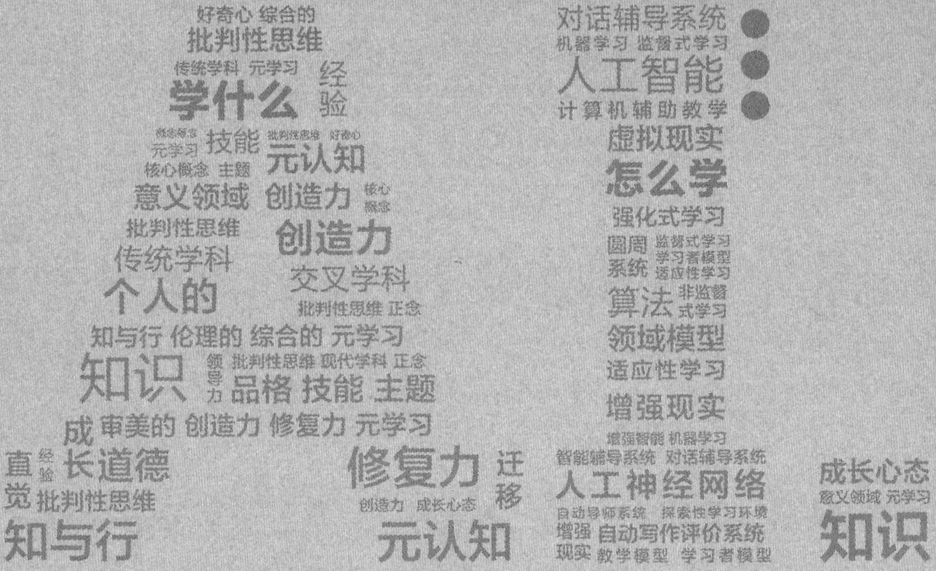
好奇心 综合的
批判性思维
传统学科 元学习
学什么
经验
概念概念 元学习
技能
批判性思维 好奇心
元认知
核心概念 主题
意义领域
创造力
核心概念
批判性思维
创造力
传统学科
交叉学科
个人的
批判性思维 正念
知与行 伦理的 综合的 元学习
知识
领导力
批判性思维 现代学科 正念
品格 技能 主题
成长
审美的 创造力 修复力 元学习
直觉
经验
道德
批判性思维
知与行
修复力
迁移
创造力 成长心态
元认知
对话辅导系统
机器学习 监督式学习
人工智能
计算机辅助教学
虚拟现实
怎么学
强化式学习
圆周系统
监督式学习 学习者模型 适应性学习
算法
非监督式学习
领域模型
适应性学习
增强现实
增强智能 机器学习
智能辅导系统 对话辅导系统
人工神经网络
自动导师系统 探索性学习环境
增强现实
自动写作评价系统
教学模型 学习者模型
成长心态
意义领域 元学习
知识

几乎每天都会有新闻或娱乐媒体提到 AI。也许是 AI 程序刚刚在一项复杂的策略游戏中击败了世界领先的玩家；或者是一部好莱坞新片描绘的反乌托邦未来中，机器人统治了世界；又或者是世界领先的两位科技企业家公开各自的分歧。[146]

> 我接触过非常尖端的AI，我认为人们应该真正关注它。……
> AI是一个极端案例，我们需要有预先谋划，而不能被动应
> 对。因为我认为，等到我们在AI控制方面发现问题再作出反
> 应时，已经太晚了。
>
> 埃隆·马斯克（Elon Musk）

我在思考那些唱反调并试图渲染世界末日场景的人……我只是有点不能理解。这些观点非常消极，在某种程度上，我认

为是非常不负责任的。

马克·扎克伯格（Mark Zuckerberg）

事实上，正如马克·扎克伯格（脸书公司）和埃隆·马斯克（太空探索技术公司，特斯拉公司）之间对话所表明的，AI 未来的影响仍然非常不明朗（实际上，AI 只是最新的技术炒作吗？）。[147]然而，投资规模和开发项目继续呈指数级增长，已经使得 AI 成为我们日常生活中不可或缺的一部分，尽管有时隐藏不见，却始终无处不在、不可避免：从 Siri[148] 到机器人新闻[149]，从预言股票走势[150] 到预测犯罪[151]，从人脸识别[152] 到医疗诊断[153] 等等。

但最令人感兴趣的是，AI 也悄然进入了课堂。[154] 无论学生、教师、家长和政策制定者是否欢迎，所谓的智能、适应性或个性化学习系统正越来越多地部署在全球中小学和大学中[155]，这些系统收集和分析海量的学生大数据，对学生和教育者的生活产生重大影响。[156] 尽管许多人认为 AI 教育（AIED）意味着学生将由机器人老师教授，但现实情况则更为波澜不惊，仍有变革的潜力。然而，AI 在教育中的应用引发了更为深远的问题。

我们应该问问，当我们把关爱从教育中移除时会发生什么……当整个教育过程都被嫁接到机器上——"智能辅导系统""适应性学习系统"或任何最新的描述时，思考和写作

会发生什么？我们在向学生传递什么样的信号？

奥黛丽·沃特斯（Audrey Watters）[157]

事实上，教育领域 AI 技术研究已经开展了大约 50 年。[158] 最近，像亚马逊、谷歌和脸书这样有影响力的公司，都已经投资了数百万美元 [159] 用以开发 AIED 产品；此外很多拥有数百万美元资金的知名 AIED 公司，如 Knewton[160]、Carnegie Learning[161] 也加入其中，而资产规模达到 1500 万美元的 "XPrize 全球学习公司" [162] 则呼吁开发一款能够让孩子们自主学习的软件（AIED 的另一种名称）。与此同时，AI 作为一门课程已经进入一些主流学校 [163]，也有公司在开发 AI 系统用以改善在线辅导 [164]，也有学者研究 AI 用于加强教师培训 [165]。简而言之，AI 在教育领域的应用呈指数级增长 [166]，到 2024 年，市场预计将价值 60 亿美元 [167]。

虽然我们通过媒体或是日常生活，对主流 AI 可能有一些有限的了解或经验，但对许多人来说，AI 在教育中的应用仍然是一个谜。一大堆尚未解决的问题也会涌上心头：AI 究竟如何在课堂上发挥作用，又能实现什么目标？AI 需要如此多的数据，如何维护学生的隐私？AI 对教师角色的长期影响是什么？AIED 的支持者是否过度承诺了无法交付的系统？AI 对学生机构和学习结果的影响是什么？其社会和伦理后果是什么？

然而，我们首先需要试探性地回答一个表面上更简单的问题：AIED 实际上是什么样的？

正如对 AIED 会议和期刊论文的简要综述所证实的，AIED 包括以下方面：AI 驱动的分步骤个性化教学和对话系统，AI 支撑的探索性学习、学生写作分析、游戏环境中的智能代理以及学习支持聊天机器人，AI 驱动学生／导师配对系统能够让学生牢牢掌握自己的学习。AIED 还包括学生与电脑一对一互动，全校智能化运行，学生在教室外使用手机等等。此外，AIED 还可以帮助学者更加理解学习和教育实践。

AIED 领域既是一个衍生领域也是一个创新领域。一方面，它带来了来自 AI、认知科学和教育学等相关领域的理论和方法；另一方面，它自身也产生了更大的研究课题和问题：知识的本质是什么，它是如何表现的？如何帮助学生个体开展学习？什么类型的教学互动是有效的，该何时使用？学习者有哪些错误观念？[168]

虽然 AIED 工具必须用实例证明特定的学习理论（例如，加

涅的"授受主义理论"[169]，维果斯基的"最近发展区理论"[170]），
一些 AI 研究人员依然质疑这些理论背后的假设，他们试图运用
AI 和数据分析技术打开"学习的黑匣子"。[171] 换句话说，AIED
实际上涉及两个主要的互补链：基于 AI 开发工具支持学习，使
用这些工具帮助理解学习（长久以来学习科学的学者一直在研究
学习是如何发生的等相关问题，这些研究可以直接应用于课堂
内，无论是否有 AI 系统）。例如，对学生解决算术问题的方式进
行建模，可以识别出教育者以前可能不知道的错误概念，由此研
究人员和教师可以开始更多地了解学习过程本身，然后将其应用
到主流课堂实践中。

　　事实上，可以解决旧问题并发现新问题的新一代 AIED 应用
程序和方案，一直都在研发推出过程中——也就是说，AIED 看
起来像什么、可以做什么尚未固化定型。因此，本书采用了另一
种方法。我们不打算定义 AIED，而是在一些相对容易识别的广
泛领域中讨论大量的 AIED 案例——现有的 AIED 工具和在不远的
将来可能出现的 AIED 工具。

　　本书无法面面俱到，放弃讨论部分可能会对教育产生重大
影响的 AIED，主要包括使用 AI 来支持中小学和大学管理的功
能，如课程表、教师调整、设备管理、财务、网络安全、安全保
卫等。本书聚焦于讨论如何使用 AI 来支持学习，这可以被称为
AIED 的学术（或系统面向）功能。

　　而在此之前，有效了解 AI 本身依然是有意义的。[172] 这就是

我们首先要达成的目标，然后再返回来，更详细地看看 AI 在教育环境下是如何发挥作用的。最后，考虑到各种实际的和伦理的挑战，我们会兼顾 AIED 研究人员和开发人员，以及教育工作者、学生、资助者和决策者的视角。

AI 是现代生活的一个方面，对此我们大多数人都有一定的认识，但到底哪些是 AI 我们却知之甚少。[173] 事实上，对很多人来说，AI 就是类人机器人的代名词 [174]，这可能是因为有关 AI 的新闻几乎总是配有机器人或数字大脑的图片。然而，尽管机器人技术（能够移动并与现实世界进行物理交互的嵌入式 AI）是 AI 研究的一个核心领域，但 AI 正以许多不同的方式和在不同的背景下得到应用。与此同时，未来机器人的反乌托邦形象仍然牢固地占领着科幻小说领域（在很大程度上，这就是为什么我们不去管机器人的原因）。在接下来的几页中，我们将简要介绍 AI 的背景；感兴趣的读者可以在附录 2 中找到更多关于 AI 的起源、发展及其各种技术的信息。

然而，首先应该承认，有时"人工智能"这个名字对于我们认识它是没有帮助的。相反，一些研究人员更喜欢"增强智能"

（augmented intelligence），这一名称保留了人脑作为智慧的来源，并将计算机及其程序定位为一种复杂的工具，人类可以用这一工具来增强或扩展我们的智力能力。依据这一观点，计算机的主要用途就是用来做那些人类发现更困难的事情（例如在大量数据中发现固定规律）。将增强智能与 AI 进行对比的辩论将不可避免地愈演愈烈，即使增强智能更准确或更有用，AI 至少在流行用法上胜出。因此，下文中我们将始终采取务实的态度，绝大部分情况下都使用 AI 这一名称，而让读者自己决定 AI 中的 A 代表什么。

1956 年，美国常青藤研究型大学达特茅斯学院（Dartmouth College），举办了一场研讨会，此后学界广泛认为这是 AI 的奠基事件。[175] 正是本次研讨会上提出并讨论的"逻辑理论家"（the Logic Theorist），被认为是世界上第一个 AI 程序。在接下来的几十年里，AI 的发展时断时续，有快速发展的时期（例如，基于规则的专家系统），也有被称为 AI 寒冬的时期，其间学者的研究信心和资金几乎消失殆尽。

近几十年来，由于三项关键技术的发展（出现了更快速的计算机处理器，规模庞大的大数据得以分析应用，提出了新的智能算法），AI 已经进入一段复兴期，尽管它有时隐藏不见，但已经成为我们日常生活中不可或缺、无处不在、不可避免的一部分。事实上，矛盾的是，AI 整合的功能越多，我们就越不倾向于把它当作 AI。

　　许多前沿的AI已经渗透到日常应用中，这些应用通常不被称为AI，因为一旦某样东西变得足够有用和普遍，它就不再被称为AI。[176]

　　相反，高级计算机程序（如垃圾邮件过滤）[177]，私人助理（如微软智能语音助手 Cortana）[178]，智能推荐系统（如网飞使用的）[179]，或是语言学习应用（如多邻国）[180] 才是大众熟知的 AI。话虽如此，近期推出的声控智能音箱，如谷歌 Home[181] 和亚马逊 Echo[182]，让 AI 在我们的客厅里更亮眼了（但人们却没有意识到这些也是 AI）。事实上，AI 最近的许多发展都是开创性的，而且在许多方面都是革命性的。相对较新的 AI 算法，如机器学习（监督式、非监督式和强化式学习）、神经网络（包括深度学习）和进化算法，都在不同的应用程序内得到广泛使用（感兴趣的读者可以在附录 2 中找到这些技术更多的相关信息）。

　　例如，最近人脸识别技术方面的突破（确保智能手机照片中的人脸始终处于清晰的焦点，以及在电子护照登机口识别旅客），要归功于神经网络和机器学习的应用。谷歌研究人员曾提出过一个由大脑结构启发设计的 AI 神经网络，该网络从 YouTube 上随机选择了 1000 万个视频缩略图。[183] 尽管没有告知该系统如何识别任何特定的东西，但通过使用深度学习技术，这个机器学习系统很快就学会了如何在照片中检测人脸。两年后，脸书引入了一个有 9 个层次的深度 AI 神经网络，包含了超过 1.2 亿个参数，用于识别（而不仅仅是检测）时间轴照片中的人脸。[184] 该系统在一个由 400 万张人脸图片组成的数据集上进行训练，这些人脸图片之前曾被人类标记过（多年以来，脸书用户一直很乐意在上传的照片中标记他们的朋友）。

近年来 AI 迅速发展的另一个领域是自动驾驶汽车，这一项目使用神经网络，在没有人类干预的情况下，自动驾驶汽车、卡车和出租车。复杂的照相机和传感器平台处理大量的实时数据（道路的边缘和标志，道路信号和交通灯，其他车辆，包括自行车和行人在内的其他潜在障碍），而神经网络驱动下的智能代驾，利用高超的计算能力，控制汽车的转向、加速和刹车。新闻业是一个不太为人所知的 AI 应用场景。世界各地的新闻机构都在开发 AI 技术，以支持新闻采集和新闻报道。例如，AI 代理持续不断地监控全球新闻媒体，并使用语义分析自动提取关键信息，用于记者撰写报道。[185] 甚至有一些 AI 技术走得更远，可以自动编写故事。[186]

AI 的另一个应用场景是法律领域，律师们正使用电子发现工具（e-Discovery）帮助处理大量文件，在民事或刑事案件中，这些文件需要进行审查以确定是否可以列为证据。[187] 该工作使用了一项机器学习分析技术，对专家审阅并标记过的文档样本进行自动分析。分析结果能够让 AI 确定剩余的哪些文件需要优先进行深入审查。最后一个简单的例子是 AI 在医学诊断中的应用。例如，放射科医师使用 AI 技术帮助他们更快地识别医学图像中的异常，同时减少错误。[188] 其中一个系统能够寻找 X 光图像中的不规则现象。例如，如果它在一对肺的图像上发现结节，就会将其发送给肺部放射科医生进行进一步检查。

AI技术与
术语

也许理解上节所述的 AI 程序正在做些什么相对简单，但理解它们如何得以实现却可能需要一些较高层次的技术性知识——尤其是任何一个 AI 应用都可能会涉及几种不同的技术，这让理解变得更加困难。这也解释了为什么潜心于 AI 的人群往往都在数学或物理学领域上取得了较高的学位（虽然 AI 越来越多地作为一种服务被提供给大众。例如：亚马逊（Amazon）在 AWS[189] 上的机器学习服务，谷歌（Google）的 TensorFlow[190]、国际商业机器公司（IBM）的 Watson[191] 和微软（Microsoft）的 Azure[192]）。尽管如此，因为一些 AI 技术已经被重复提及，也因为它们在 AIED 领域扮演着极为重要的角色，因此在未来将被再次提及。接下来将介绍的是一些关键且与 AI 技术和术语紧密相连的技术。[193] 有时（不管我们如何努力）我们的讨论在某种程度上都涉及技术，所以请不要害怕，直接进入下一部分，正式探讨

AI 正在教育中的应用（毕竟，这才是我们都身处于此的原因）。

算 法

　　算法（Algorithms）是 AI 的核心，因此 AI 的历史可以看作是日益复杂并不断提高效率（或不断简化）的算法发展历史。可能在近代最为著名的算法是 PageRank[194]，它由谷歌创始人于 1996 年在斯坦福大学（Stanford University）就读时开发。PageRank 通过计算网站页面的外部链接数来确定网站的相对重要性，以确定各网站在谷歌搜索中的显示位置。事实上，所有的计算机程序归根到底都是算法，它们包含了数百甚至数千条代码，代表着计算机为了解决问题而遵循的数学指令（数值计算、文章语法检查、图像处理，或者解释我们在自然界中所看到的规律）。[195]AI 算法与其他计算机程序的区别是在于它们涉及的一些特定方法，正如我们已经发现的一样，它们被应用于我们可能认为本质上专属于人类的领域——例如视觉感知、语音识别、决策与学习。

机器学习

　　许多基于规则的早期 AI 往往是提前编写完成某项任务所需的程序步骤，计算机会严格遵循规则要求，而机器学习（machine learning）则是让计算机在没有被预先给予指令的情况下采取行动。从广义上说，计算机有能力学习去做什么，而不是只能做算法编程要求它们去做的。不过这并不代表机器学习不需要大量的编程，因为它确实也需要。但是机器学习涉及大量数据输入以预测全新的结果，而绝非直接命令得到的直接输出。

机器学习算法对数据加以分析，用以识别规则并构建用于预测未来价值的模型（例如，通过识别历史股票数据中的规则，AI可以预测未来股票走向；通过识别标有姓名的照片，它能够辨别出谁在另外一张照片中是否出现；通过识别医学上不同的症状，它能够完成特定病症的诊断）。换言之，机器学习可以被认为是一个连续迭代的（行为的结果生成新的数据，随后用数据来优化模型，反过来又能引发新的动作）三步过程（分析数据、构建模型、采取行动）。从这个意义上讲，机器就是在学习。

最近的许多应用程序（包括自然语言处理、汽车自动驾驶以及谷歌 DeepMind 团队开发的击败了排名世界第一的围棋选手的 AlphaGo）[196] 都得益于机器学习。事实上，机器学习在今天被广为接受，用一些评论员的话来说，AI 和机器学习已经成为同义词——而机器学习则更适合被看作是 AI 的子领域。然而，真实的是，AI 之所以能在过去十年中重获新生并呈指数级增长，都得益于机器学习领域取得的重要进展（就像我们已经注意到的一样，这都基于更快的计算机处理器，海量可利用的大数据以及新的计算方法）。[197]

机器学习主要可以分为三类：监督式学习（supervised learning）、非监督式学习（unsupervised learning）和强化式学习（reinforcement learning）。

监督式学习

最实用的机器学习涉及监督式学习（supervised learning）。首先向 AI 提供已知输出的海量数据——或者说已经标记过的数据。例如，可以向 AI 提供数千张街道照片，其中包含了许多已经被人类识别并标记的可见物体（自行车、路标、行人等等）。监督式学习算法旨在识别能够将数据链接到标签的功能，从中构建可应用于全新类似数据的模型。从广义上讲，这就是前面提到过的方法，脸书用这样的方法来识别照片中的人物，使用脸书用户已提交并标记的数百万张照片来自动识别和标记新上传照片中的相同的人物。

非监督式学习 [198]

在非监督式学习（unsupervised learning）中，AI 获取了更多数据，但是这些数据未被分门别类，也就是说未被标记。通过分析这些未标记的数据，非监督式学习算法旨在揭示数据或数据集群基底结构中的隐藏模式，可用于对新数据的分类归档（这大致是前面提到的，谷歌用来监测照片中人脸的方法）。非监督式学习的应用实例包括将在线消费者进行分组，以便为他们提供符合消费意向的广告推广；[199] 从手写笔迹中识别不同的字母和数字；以及区分合法和欺诈性金融交易。

强化式学习

从某种意义上来说，强化式学习（reinforcement learning）是机器学习类别中最强大的一种。在监督式学习与非监督式学习中，从数据中衍生出来的模型是固定的，如果数据产生变化，则必须进行再度分析（换句话说，算法再次运行）。然而，强化式学习采用基于反馈不断改进的模型——换言之，这时候的机器学习就是正在发生的学习。AI 获得一些初始数据，从中衍生出模型，并对模型进行评估判断其正误，再作出相应的奖励或惩罚（用计算机游戏来打比方，积分相应增加或减少）。AI 采用这种积极或消极的强化来升级模型并再度尝试，从而随着时间推移实现迭代发展（学习与进化）。例如，如果一辆自动驾驶的汽车为了避免碰撞，能够实现这一功能的模型将得到奖励（强化），由此增强其未来避免碰撞的能力。

人工神经网络

人工神经网络（artificial neural networks）是基于生物神

经网络（即动物大脑）的结构与功能的一种 AI 算法，可以将其应用于高级监督式、非监督式或强化式学习。我们的大脑由数十亿个单独的神经元构成，每个神经元与多达一千个其他神经元相连，提供数万亿个连接。记忆被认为是从大脑中这些相互连接的复杂组合中产生的，而学习则被认为可以加强这些连接。

尽管人工神经网络通过训练已经可以完成一些令人难以置信的任务（比如在移动人群中识别面孔），但是与高级动物大脑相比，它们还是比较原始的。与人脑中数十亿个神经元不同，它们通常只涉及几千个神经元（某些特殊情况下，有几百万个神经元）。

如下页图所示，人工神经网络包括三个不同类型层级：输入层以数百万个数据点，也可能是以图像像素点的形式从环境中获取刺激；至少一个但通常由更多的隐藏中间层共同进行计算；以及通过输出层导出结果。在机器学习过程期间，在强化式学习过程中调整连接的权重，这从而使人工神经网络随后计算出新刺激的输出。

隐藏层是人工神经网络功效的关键，但它们也引发一个重要问题。通过询问人工神经网络知道如何提出解决方案，这是不可能的（至少是不容易的）——例如，它是如何识别照片中某人的？换言之，人工神经网络可以引导决策的制定，但是其逻辑依据是隐藏的、未知的、不可检测的，甚至是不公正的[200]，该逻辑依据是需要进行大量研究的关键问题。[201]

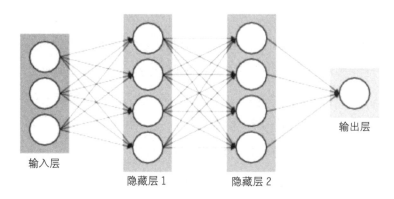

输出层

输入层

隐藏层 1   隐藏层 2

包含两个隐藏层的典型的简单人工神经网络图示

最后，神经网络和其他机器学习技术令人印象深刻的结果不应该让我们感到困惑：

今天的神经网络对世界的"理解"或者"推论"，其实类似于对过去的一个线性回归。它们不过是通过统计信息形成规律，这些规律可能比历史研究法得出的结论更加深刻、协调、自然和客观，能够呈现更为复杂的统计现象，但是它们仍然只是变相的数学呈现，而绝非智能体，不管其结果多么令人惊奇。[202]

AI如何在
教育领域
发挥作用

在建立了对 AI 运行的基本理解后，现在我们将更详细地聚焦 AI 在教育环境中的应用，首先我们将从一个简短的历史回顾开始。然而，我们可能不再讨论应用 AI 来支持学校管理（面向系统的 AI 可以实现课堂时间安排、人员排表、设施管理、财务与网络安全、安全保障）[203]，虽然这是能够对教育领域产生极大影响的环节。总之，我们关注的核心在于应用 AI 支持学习（面向学生和教师的 AI）。

AI 在教育中应用的简要历史

AI 在教育中的应用可以追溯到 20 世纪 20 年代两位学者的研究，一位是俄亥俄州立大学教授、心理学家西德尼·普莱西（Sidney Pressey），一位是 1948 年至 1974 年在哈佛大学担任教授，被称为行为主义之父的斯金纳（B. F. Skinner）。对于普莱西来说，挑战在于利用多项选择题的潜力来巩固学生的学习并同时进行评估。根据爱德华·桑代克（Edward Thorndike）的效果定律（law of effect）[204]，普莱西认为，对于支持学习的测验来说，即时反馈是必不可少的——当对测试进行手动批改时通常是不可能实现即时反馈的。但是，机械方法则可确保不错过任何的学习机会。

> 设备能够立即判断学生答案的正误，然后引导他找到正确答案，显然这不仅仅是在测试学生，同时也在进行教学。[205]

普莱西开发了不同版本的机器（并且经历了几次将个人创新商业化的失败尝试），最复杂的是基于机械打字机展开的。在该装置中有一个转鼓，周围包裹着一张印满问题表的卡片，并且在上面打孔（很像自动钢琴中使用的穿孔乐谱纸卷）以标注出正确答案。同时，外壳上开了个小窗口用以显示当前问题的编号，还有五个打字机按键，每个按键代表各个不同的答案。当学生看着一份打印出来的问题和备选答案，他们可以按下设备上的按键以选择每个问题的答案。该机器的配置让学生能够立即知道他们是否作出正确选择，并且确保他们选出正确答案后才能继续答题。

有趣的是，普莱西也是第一个提出这样一种观点的人：除了支持学习以外，教学机器能够让教师的生活变得轻松且充实——

把他们从最不感兴趣的任务（即试卷批改）中解放出来，并给予他们更多时间与学生互动。

尽可能地减轻（教师）肩膀上的负担，让他们能够自由地进行那些能够激发灵感和刺激创造的活动，这可能才是教师真正的职责所在。[206]

普莱西的方法后来被斯金纳发展、推广，他认为普莱西开创的用于训练老鼠和鸽子的技术 [操作条件箱（operant conditioning chambers），现在也被叫作"斯金纳箱"（Skinner Boxes）]，可以被应用于教学。斯金纳的教学机器开发于 1958 年，是一个带窗盖的小木盒子，写在纸盘上的问题出现在一个窗口，学生将写在卷纸上的答案通过第二个窗口输入（以供教师稍后批改）。推动该机械装置自动覆盖学生答案，在使其无法更改的同时，显示出正确答案。以这样的方式，斯金纳的教学机器实现了自动、即时的巩固与强化。学生需要提供他们自己的答案，而不是在有限的选择中作答（就像上文提到的普莱西的选择题一样），因为斯金纳发现学习能够通过回想正确答案得以有效强化，而不是单纯识别答案。这个方法还使学生拥有了对比自己的答案与参考答案的机会，如果教师设计得当并且学生积极参与，也将对学习产生极大的推动作用。

斯金纳认为他的教学机器实际上就像一个私人导师一样，这为随后教育人工智能（AIED）中的智能导师系统奠定了基础。

> 当然，机器本身是无法教学的……但是对每个学生产生的影响却是惊人的，就像私人导师一样……（1）课程与学生之间始终不断地互动……（2）就像一个好导师一样，机器坚持特定的知识点必须被彻底理解之后……学生才能继续接下来的学习……（3）就像一个好导师一样，机器只提供学生能力水平能接受的材料……（4）就像一个经验丰富的导师一样，机器能够帮助学生一起想出正确答案……（5）最后，毋庸置疑的是，机器和私人导师一样，使用即时反馈加强学生对每一个正确答案的认识……最有效地塑造其行为方式。[207]

斯金纳的教学机器将自动化教学划分为不同的单独组件（在斯金纳的示例中，区分了预先编程到机器中的学科内容，以及学生回答正误的成绩档案），这可能也预示了后来 AI 在教育研究领域的应用。然而，虽然从某种意义上说，斯金纳的教学机器对学生个体有所效用，但是不能将它看作是普适的。也就是说，它不能根据学生个体的成绩或需求，对问题或提出问题的顺序进行适应性变化。相反，问题的传递是预先编入程序的，虽然学生可以按照自己的进度进行学习，但是他们始终按照与其他学生相同的顺序回答相同的问题列表。

适应性学习

同样，在 20 世纪 50 年代，诺曼·克劳德（Norman Crowder）对通信而不是心理学感兴趣，他开发了一种纸质的早期教学机器替代方案，被称作内在或分支程序教学。[208] 克劳德的系统（是他为训练美国空军工程师在电子设备中发现故障而开发的），向用户展示一小段信息以及一个选择题，每个答案都能引导学生进入新的页面。如果学生选择了正确答案，新的页面将在正确理解的基础上提供新的信息；如果选择了错误答案，新的页面将包含反馈，旨在基于选项帮助学生明白导致其错误的原因。在学生返回主页之前，系统还可以分列出一两页额外的纠正材料。简而言之，克劳德系统可以根据学生个体的知识储备调整教学材料的呈现路径，比如每个学生可能看到的是完全不同的页面组合。

然而，英国博学之士戈登·帕斯克（Gordon Pask）大概在 20 世纪 50 年代初就已经开发出了第一台真正的适应性教学机器。它被称为 SAKI，即自适应性键盘讲师（the self-adaptive keyboard instructor），专门为键盘操作实习人员设计，用以学习如何使用设备在卡片上打孔以进行数据处理。[209]SAKI 与其他早期教学机器的区别在于，在将任务呈现给学习者的时候使其适应学习者的个体表现，这在不断变化的学生概率模型中得以体现。

当你与系统交互时，学习哪些按键代表哪些数字：

机器会监测你的反应，并且以此针对你的学习过程构建概率模型。例如，数字"7"，你一下就能按对（代表它的）按键；而数字"3"则不知道什么原因，你老是按成其他（代表别的数字的）按键。机器监测到了这一点，并将这一事实纳入模型的构建。现在，结果会这样反馈给你：对于你来说比较困难的数字将会以高于随机概率的频率出现，同时它们也会呈现得慢一些，仿佛是对你说，"别着急，慢慢来"。而与之相反，对于你来说容易的数字则出现得更快。每个数字呈现给你的速度与你的学习情况之间具有函数关系。[210]

计算机辅助教学

SAKI 经历了多次迭代，充分利用了计算机和新型微处理器的发展成果，并成为了首批实现商业化的适应性系统之一。然而，在接下来的几年中，除了 SAKI 的几次迭代，适应性学习几乎没有取得任何进展，并且关注点也逐渐转移到了所谓的计算机辅助教学（Computer-Aided Instruction，CAI）系统上。20 世纪六七十年代出现了许多 CAI 系统，早期比较有影响力的是由伊利诺伊大学开发的 PLATO（programmed logic for automatic teaching operations），即"自动教学操作逻辑程序"。PLATO 让学生能够通过远程终端在中央计算机主机上访问标准教学材料（其中一些材料是交互的），并能够让多达一千名学生同时操作。

除此之外，该系统还是第一个在教育技术领域引入最新工具与方法的系统，很多工具与方法如今依然十分常见，例如用户论坛、电子邮件、即时消息、远程屏幕共享和多人游戏。差不多同时，斯坦福大学和 IBM 共同开发了一个计算机辅助教学程序，通过远程终端提供给当地部分小学。该系统包括了对数学和语言艺术学科教学材料的线性展示，以及操练和实践活动。第三个著名的例子是由杨百翰大学（Brigham Young University）开发的TICCIT（time-shared interactive computer-controlled information television），即"分时交互计算机控制信息电视"，用于教授大一新生的数学、化学、物理、英语以及各种语言课程。每个科目都划分为论题和学习目标，而这些论题和学习目标又以屏幕信息的形式得以呈现。尽管学习者可以使用键盘以他们认为有用的顺序浏览屏幕信息，但是 TICCIT 依然设定了一个预置序列。

虽然在其他方面取得了成功，但在 20 世纪 60 年代和 70 年代，这些计算机辅助教学系统中只有极少数被广泛采用，这主要是由于控制软件所需的大型中央处理器的成本和访问不便所致。20 世纪 80 年代个人电脑时代的到来改变了这一切，计算机辅助教学程序的数量如雨后春笋般迅速增加。很快，针对学习各方面的计算机辅助教学程序广泛应用于中小学、大学和家庭。尽管如此，与我们当前目的紧密相关的是，几乎所有这些系统都因相同缺陷遭到严重阻碍——缺乏普遍适应性。由于论题的顺序、提供的信息以及系统对学生行为的反应都是提前预设的，对每个学生一视同仁，忽略了个别学生的成功、误解和兴趣，进而抑制了他们的潜在学习。

AI 与 CAI

在主流计算机辅助教学系统开发的同时，其他研究人员，如约翰·塞尔夫（John Self）[211] 和威廉·克莱西（William Clancey）[212] 都想知道 CAI 如何能够适应学生个体的需求，以及 AI 技术的应用是否有用。AI 技术在计算机辅助教学中的首次实现通常归功于詹姆·卡伯内尔（Jaime Carbonell），他在 1970 年的博士论文中介绍了一个名为"学者"（SCHOLAR）的系统，这个创新的系统旨在让学生通过使用英语子集的对话来检测他们对南美洲地理的了解程度。SCHOLAR 与标准计算机辅助教学系统在质量上有所不同，因其在当时是独一无二的，能够通过语义网络（一种知识的表现方式，在这个示例中也就是指地理知识，其中的概念根据语义关系得以相互关联）生成对学生表达的个体反应。

在（一个）传统的计算机辅导教学系统中，数据库是由教师提前输入的，包含了特定文本、问题和预期答案的诸多"框架"。相比之下，（SCHOLAR）是基于对事实、概念和程序的信息网络的利用，它可以生成文本、问题和对应答案。因为（它）也可以利用其信息网络来回答学生提出的问题，因此学生和计算机之间可以通过双方的问答来开展一种混合主动的对话。[213]

一个 SCHOLAR 对话[214]可能看起来是这样的：

　　SCHOLAR：回答下列问题：智利的语言是什么？在以下选项中选择正确答案：Sucre，French，Argentina，Spanish。

　　SCHOLAR：你花了太多时间了……

　　学生：*Spanich*

　　SCHOLAR：你应该写"Spanish"。非常好。

尽管按照今天的标准，对话（尤其是其教学法）似乎很原始，但 SCHOLAR 通常被认为是后来被称为智能辅导系统（intelligent tutoring systems）的首个实例，这也是接下来我们将探讨的内容。

智能辅导系统

在我们可以设计的最佳学习条件（辅导）下，对比传统的小组教学方法教授的对照组中的学生，实验组中的学生的表现要优出两个西格玛（标准差）。辅导学习过程表明，大多数学生确实都具备达到该高水平学习的潜力。我认为一项重要的研究和教学任务是，在比一对一辅导更为实际和现实的条件下寻求实现这一目标的方法，毕竟一对一辅导对于大多数社会而言都过于昂贵了。这就是"两个西格玛"问题（the 2 sigma problem）。[215]

我们所谓的智能辅导系统（intelligent tutoring systems，ITS）属于 AI 在教育中最常见的应用（无论如何，正如我们所看到的，它们可能是存在时间最久的应用）。一般而言，在诸如数学或物理这样定义明确的结构化学习论题中，ITS 能针对每个学生的个性化需求，提供循序渐进的教程。[216] 为回应学生个体的误解或者成功，该系统会利用有关该学习论题及教育学的专业知识，利用学习材料和学习活动组织一条最优的循序渐进的路径。在学生学习的过程中，系统会自动调整难度并提供提示或指导，所有这些都旨在确保学生能够有效地学习给定的论题。

ITS 有多种形式，不过它们通常涉及几个 AI 模型，我们会在这里详细阐述。正如我们在之前关于 AI 技术的讨论中所说到的，AI 模型是高度简化的对于现实世界特定知识的计算表征（如在 SCHOLAR 所使用的语义网络中，或是在本体论中[217]，或者在知识图谱中）[218]，就好比模型车是对于真实汽车的简化表示。ITS 使用的模型代表了有关教学和学习的特定知识。通常，关于要学习的论题的知识通过所谓的"领域模型"（domain model）表征，关于有效教学方法的知识以"教学法模型"（pedagogical model）表征，而关于学生的知识以"学习者模型"（learner model）表征。[219]ITS 算法利用这三个模型，为每个学生个体适配一系列的学习活动。一些 ITS 系统还会涉及第四个模型即"开放性学习者模型"（open learner model），我们将在稍后讨论。

领域模型

领域模型表示 ITS 希望帮助学生学习的论题知识（非常类似于标准的、非教导性专家系统中的论题知识）。例如，关于数学方程式、基因遗传或第一次世界大战动因的知识。事实上，许多年来，中小学生数学教学一直是 ITS 的主导。数学，如同物理和计算机科学，是 AI 教育最容易实现的目标，因为它们至少在基础层次上是结构清晰且定义明确的。

教学法模型

ITS教学法模型代表了通过教学专家和学习科学研究获得的关于教学和学习的有效方法的知识（虽然我们应该认识到有些 ITS 开发者错误地认为他们在教学方面有足够的专业知识）。[220] 已在许多 ITS 系统中得到呈现的教学知识包括教学方法知识[221]、最近发展区（zone of proximal development）[222]、交叉练习[223]、认知负荷[224] 及形成性反馈[225] 等。例如，贯彻维果茨基（Vygotsky）"最近发展区"的教学法模型，能够确保系统为学生提供的活动既不太容易也不过于困难，而一个实施个性化形成性反馈的模型则确保在任何可能的时候，都能提供反馈以支持学生学习。

学习者模型

正如我们所看到的，一些计算机辅助教学系统（CAI，虽然通常以另一个名称出现）有效地采用了一些领域模型和教学法模型：关于要学习的内容的知识以及关于如何教授这些知识的知识（例如，是使用线性教学还是分支式程序教学）。然而，AI 驱动的 ITS 的特质在于，正如帕斯克（Pask）的 SAKI 预示的那样，它们还包括一个学习者模型，即"对于所假设的学生知识状态的呈现"。[226] 事实上，许多 ITS 包含着大量与学生有关的知识，例如学生与系统的互动、对学生有挑战性的学习材料、他们的错误概念以及他们在使用系统时的情绪状态。所有这些知识都可以反映正在教授的内容和教授方式，以及需要提供哪些支持，什么时候提供。事实上，大多数 ITS 还能更进一步。通过结合迄今为止使用该系统的所有学生的信息，ITS 可以强化学习者模型，系统机器可以从中学习，预测怎样的教学方法和领域知识适合于某个特定阶段的特定学生。正是学习者模型使得 ITS 能够调整适应，而机器学习使得这种适应性尤其强大。

标准的 ITS 架构

下图显示在一个典型的 ITS 系统中领域、教学法和学习者模型相互之间如何连接。

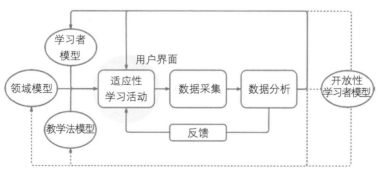

一个典型的ITS架构，包括教学法、领域、学习者及开放性学习者模型

在这个示例的架构中，ITS 算法利用领域、教学法和学习者三类模型，确定应该向学生个体提供怎样的适配性学习活动，并分析如何根据学生的需求和能力进行调整。例如，在数学教学 ITS 中，领域模型可能包含关于二次方程的知识，教学法模型可能包含教授二次方程的有效方法的知识，而学习者模型可能包含学生在该 ITS 中学习二次方程的经验信息（例如，学生出现过的错误理解，或者这个学习论题引起他们一些焦虑的事实）。学习者模型还将包含所有曾使用此 ITS 学习二次方程的学生的经验知识。

将所有这些结合在一起，ITS 算法能确定在用户界面中向学生呈现怎样的适应性学习活动。比如，在上述示例中，要提供二次方程的哪个特定方面的信息（比如是因式分解还是配方），以及使用哪种方法可以最好地帮助学生学习二次方程的这些方面（比如，通过一些教学文本、图像或视频，或者交叉练习活动），所有这些也依赖于学习者模型（该学生个体以及所有学生在该 ITS 中学习二次方程的经验知识）。

当学生执行系统选择的适应性学习活动时，系统将采集数千个数据点，这些数据点表征各个人机交互行为（比如，学生点击了屏幕上什么地方，键入了什么内容，甚至可能是他们在屏幕上移动鼠标的速度有多快），学生的完成情况（他们正确或部分完成了哪些任务）以及他们所表现出的任何错误理解。一些先进的 ITS 还可以捕获其他数据，例如学生的言语、生理反应以及对于学生情感（情绪）状态的推测。

下一步涉及数据分析，这个过程中会对所有捕获的数据进行自动分析，可能使用机器学习（或贝叶斯网络，一种我们在附录 2 中介绍的 AI 技术），两者都为学生提供个性化的形成性反馈（根据他们的个人需求支持他们学习），并更新学习者模型（提供信息以便系统决定接下来要提供哪种适应性学习活动，并服务于所有学生共有的模型）。在某些情况下，数据分析也可能会更新教学法模型（确定在特定情况下哪些方法对于支持学生学习来说最为有效或最无效）和领域模型（可能会发现以前没发现的，但是从学生与系统的互动中已明显呈现的一些学习误解）。所以 ITS 是这样的一个循环系统：(1) 利用领域、教学法和学习者模型；(2) 提供适应性学习活动；(3) 数据采集；(4) 数据分析；(5) 更新模型。随着时间的推移，这个 ITS 循环意味着每个学生个体将通过可用的学习活动享有他们自己独特的个性化学习路径。如果学生与系统的互动表明因式分解对他们特别具有挑战性，那么他们可能会花更多时间进行一些与该论题相关的活动；而如果互动表明因式分解对于学生的挑战性较低，也许他们在此学习过程中犯错较少，那么他们只需要较少的活动来完成这个论题，并将更快地转移到另一个系统认为更适合他们特定需求的学习论题。

最后，如上图所示，一些 ITS 还具有第四个模型，称为开放性学习者模型。[227] 开放性学习者模型旨在使学生和老师能够直观、明晰地检查已经发生的教与学活动以及系统所作出的决定。开放性学习者模型使学习者能够自行监测他们的完成情况和遇到的困难，支持他们的元认知，并使教师能够更好地把握学生个体在整个班级环境中的学习情况（他们的方法，任何的学习误解和他们的学习轨迹），并且有可能为教师的专业发展提供信息。

评估 ITS

多年来已有无数的 ITS 实例，其中许多已在学校或大学内进行过评估。通常这些评估侧重于学习收益，即将一个 ITS 系统的辅导结果与传统的教学方法进行比较，例如全班教学、人类教师一对一教学或计算机辅助教学。事实上，如同杜布雷（du Boulay）及其同事所详述的那样，ITS 评估方面现在已有一些元综述[228]（即综述文章，通过结合和分析一些个别评估中的数据趋势得出一些一般性的结论）。例如，一项元分析指出："ITS 的开发者很久以前就开始着手，希望在计算机辅助教学辅导成功的基础上进一步改良 ITS，同时匹配人类辅导的成功之处。我们的研究结果表明，ITS 开发人员已经实现了这两个目标。"[229] 然而，汇总几项元研究的结果发现，ITS 尚未完全达到与一对一教学同样的水平——结合这几项元分析的结果得到一个较小的平均值为 −0.19 的负效应量。[230] 另一方面，与班级教学相比较的 ITS，其元分析结果非常积极，它们呈现了 0.47 的加权平均效应量；[231] 在教育干预研究中，效应量超过 0.4 即被认为是"值得实施"。[232]

正如我们在本节开头所提到的，ITS 倾向于关注定义明确的领域，如数学或物理。然而，值得注意的是，近年来 ITS 对于较难定义的问题（如法律论证、跨文化技能获取和争议解决）也进行了探索。[233] 对于这些较难定义的领域，ITS 兴趣相对较低的一个原因可能源于这样一个事实：不精确的问题往往要求学生应用具有复杂认知要求的技能，而环境可能是不确定的和动态的，所有这些都可能是对于传统 ITS 模型的挑战。而这些问题相对缺乏结构，也使得难以在没有人为限制的情况下支撑起有效的学习途径，提供适当的反馈，以及评估实际发生的学习。ITS 在定义不明确的领域也可能需要额外的教学方法，例如苏格拉底的非教导式对话，协作活动或探索性学习（我们将在后面详细介绍）。

正如我们前面指出的，人工智能教育（AIED）所呈现的内容以及其可以做的事情仍在不断涌现，在本章中我们将介绍各种 AIED 示例。我们的清单远非权威和绝对，但它能够体现 AIED 研究范围之广泛，并能让我们注意到，AI 技术的课堂应用所带来的诸多可能性和挑战。本节是在讨论 ITS，所以接下来我们从几个当前较为有影响力的 ITS 实例开始，其中大部分都集中在结构化领域（如数学），包括卡耐基学习公司（Carnegie Learning）的 Mathia、伍斯特理工学院（Worcester Polytechnic Institute）的 Assistments 和纽顿公司（Knewton）的 alta。

Mathia

Mathia[234]（以前称为 Cognitive Tutor，即认知导师）以卡耐基梅隆大学的研究为基础，为 K-12 学生提供 AI 驱动的个性化数学教学。在学生完成精心组织的数学任务时，该系统充当个人教练的角色，监测学生的进展（他们的成功和误解）并指引他们沿着个性化学习的途径继续前行。同时它还能提供自动反馈，不仅揭示为什么学生会出错，同时还告诉他们如何能做对。有趣的是，卡耐基学习中心认为，Mathia 作为混合式学习方法的一部分时最为有效（即他们承认，就 Mathia 本身而言，是不充分的），其中包括使用印刷材料和数字资源，并让学生在独立学习的同时，参与到团队合作学习中去。

Assistments

当前教学 ITS 的第二个示例是由伍斯特理工学院开发的 Assistments[235] 平台，它总体上采用了与 Mathia 类似的方法。然而，Assistments 平台还旨在解决 ITS 的一个关键问题，即学生以不同速度进步是理所当然的，这意味着在任何一个教室，学生可以处于逐渐分散的成就水平（潜在地会使课堂教师的工作更具挑战性）。因此，Assistments 平台旨在帮助学生晚上在家能够独立学习赶上进度，以便在课堂上每个人水平大致保持一致。Mathia[236] 和 Assistments[237] 都具有强有力的证据证明其有效性，尽管证据的明确性[238] 不那么充分。

alta

我们的第三个示例是纽顿公司的 alta[239] 系统，它十分特别：它专为高校大学生设计，专注于一系列科目，包括数学、经济、化学和统计学。尽管如此，与大多数 ITS 一样，alta 的目标是像一对一的导师一样，在学生参与任务的同时，提供个性化的、逐步的指导、评估、反馈和及时辅导。这种 alta 方法清晰地呼应了前面概述的典型 ITS 架构。针对每个科目，包含一个对应的领域模型，利用开放的教育资源[240]（OER）和导师可以选择的学习目标，以及一个能够体现内容与目标之间关系的语义网络（或知识图谱）[241]。领域模型包括了相关问题的数据库，以及所有问题难度界定的数据（基于学生之前回答问题时的表现）。Alta 的基本教学模型以项目反应理论[242] 为基础（关注个体问题的粒度，同时考虑到问题的难度与基础概念的代表性），同时还采用一种精熟程度方法（学生只有已经掌握了前面的学习目标，才能转向新的学习目标学习）。特别是，该模型假设，如果学生掌握了领域模型知识图谱中相互关联的两个学习目标之一，则很有可能他们也掌握了另一个。同时，alta 学习者模型代表了学生在任何特定时间点对学习目标的掌握程度，这是基于对个体学生交互和所有学生之间交互的观察历史，包括学生正确或错误地回答了哪些问题，特别关注个体学生近期的回答记录。

其他最新示例

除了以上三个当前 ITS 的示例以外，还有许多别的系统。同时，正如我们反复表达的一样，新的系统似乎也在源源不断地出现，因此很难提出一个完整的系统列表。考虑到这一点，我们将通过简单提及另外四个系统来完成讨论。这四个系统可能不太知名，但是毋庸置疑，它们是能够广泛应用的 ITS。之所以选择它们是因为它们采用了略微不同的方法：Area9 Lyceum 的 Rhapsode，Dreambox，Toppr 和 Yixue。我们本来也可以选择 ALEKS[243]，Bjyu[244]，Century[245]，CogBooks[246]，iReady[247]，RealizeIt[248]，Smart Sparrow[249]，Summit Learning[250]，或许……这个名单可以一直列下去。

首先讨论 Area9 Lyceum[251]。他们将组织内部现有的学习材料开发变为能够在平台上提供的适应性内容。就像所有的 ITS 一样，其方法旨在让学习内容和路径能够符合每个不同学生的个体需求和技能水平，但该平台同时也采用称之为"持续性自我评估"的方式，让学习者在对应每个问题和任务的时候评估自己的信心程度，然后用于未来进一步调整学习者的经验（即使他们可能给出了一个问题的正确答案，但是一旦他们对答案没有充满信心，他们就将获得额外的相关学习支持）。下图显示了适应性学习如何在减少大部分学生学习时间的同时，允许进度稍慢的学生按照自己的步调去达到应有水平。

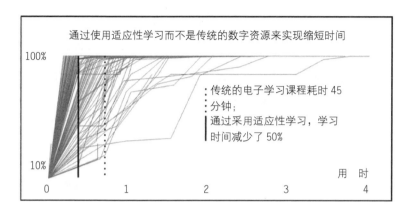

来源：Area9 Lyceum（个人通信）

我们的第二个示例 Dreambox[252]，它能够为学生提供 K-8 数学的个性化学习途径："在适当的时间，以适当的难度开展下一堂课。"系统再次采用典型的 ITS 方法，他们的 AI 驱动技术从学生访问的系统中，每小时收集 48000 多个数据点，用于评估学生解决问题的策略，以便对课程难度进行调整，对课程进行排序并提供线索。在商业化的 ITS 中，Dreambox 在鼓励独立评估方面独树一帜，哈佛大学最新研究表明"在对学生成绩的影响上，DreamBox 给出的证据鼓舞人心，但也相对复杂"。[253]

同时，Toppr[254] 是一家总部位于印度的公司，提供个性化学习 ITS 的移动应用程序，涵盖广泛的学龄和科目（从历史到会计）。它根据学生之前的行为表现，利用机器学习确定学生的优缺点，实现问题的个性化设置以及教学速度调整，让每个学生个体都能获得最佳学习体验。这个 ITS 的预测系统得到了一种新颖的 AI 驱动技术的补充和完善，他们表示，这种技术旨在"打消疑惑"。学生可以上传一张他们不确定的论题相关图像，随着上传疑惑和解决方案数量的增加，数据库也不断增长，程序会对数据库进行检索找出最佳解答。

我们最后一个 ITS 的示例是 Yixue[255]，它是中国第一个智能适应性教育系统。作为典型的 ITS，Yixue 旨在模拟教师，为学生提供个性化学习计划和一对一辅导，借助标准教科书，Yixue 将各个科目分解为大约 10000 个独立的知识点，用于对个体学生的理解和能力进行基准测试，用于系统预测哪些材料和路径最为有效。

对话辅导系统

我们以詹姆·卡伯内尔的学者系统（SCHOLAR）开始 ITS （智能辅导系统）的讨论。[256] 然而至少在某种意义上，SCHOLAR 与我们目前所探讨的大多数 ITS 不同。SCHOLAR 并没有呈现个性化教学材料或学习活动顺序的特征（这是 ITS 典型特征），而是让学生参与到要学习的相关论题对话中。这促成了一个新 ITS 版本的形成，即今天我们所知的对话辅导系统（DBTS）。然而，与 ITS 一样，DBTS 的组成也是模糊的。为此，我们将再次介绍一些突出的示例：圆周系统（CIRCSIM），自动导师系统

（AutoTutor）和沃特森导师系统（Watson Tutor）。

CIRCSIM

CIRCSIM[257] 是最早的 DBTS 之一，它由伊利诺斯理工学院
与拉什医学院在 20 世纪 80 年代合作开发。它为医学院一年级
学生设计，帮助他们学习运用压力感受器对血压进行反射控制。
CIRCSIM 使用一对一的对话教程，包括一些有限的自然语言处
理和自然语言生成，该系统的基本假设是，真正理解某件事需要
能够清晰地谈论它。它还使用了基于规则的专家系统方法，实现
了以下条件规则：

——如果学生的答案是正确的，那么继续。

——如果学生的答案部分正确，请给予肯定并继续。

——如果学生的答案离正确答案还"差一点儿"，那么引入
一个嵌套方法。

——如果学生的答案是"不知道"，那么给出答案并继续。[258]

有趣的是，CIRCSIM 的设计初衷并不是为学生介绍课程的论
题。相反，学生应该已经从阅读和讲座中获得了事实和概念，学
生与系统的对话只是帮助他们深入探索，更好地理解和巩固已经
学到的东西。为了达到这个目的，系统要求学生在进行迭代式对
话的同时解决问题。他们将从一个强制性的、有指导的虚拟实验

开始。然后，该项目指导学生一步一步地完成八个步骤，引导他们根据提供的数据预测结果，并为稳态压力感受器反射系统开发一个简化模型。整个过程的重点，是需要开发一个因果推理链来解决该问题和类似的问题。

AutoTutor

我们的第二个案例是 AutoTutor[259]，它经历了二十多年的广泛研究，可能是最有影响力的 DBTS。AutoTutor 由孟菲斯大学开发，模拟了人类导师和学生之间的辅导对话，可以帮助学生通过在线任务一步一步地学习（通常是计算机科学论题，但也包括物理、生物和批判性思维等）。该系统的目标是鼓励学生进行详细的回答并开展深入的理解，而不仅仅是作出简短的回应、获取浅显的知识，这是一些逐步指导式 ITS 就能够达到的教学结果。

AutoTutor 使用了一种称为潜在语义分析（latent semantic analysis，LSA）的统计技术，能够将学生的书面讲稿与从大量相关教科书中抽取的多维概念矩阵进行比较。[260] 这个概念矩阵和课程脚本（包括示例题、问题、图表、陈述性知识以及优劣不同的回答），有效地构成了 AutoTutor 的 ITS 领域模型。

同时，AutoTutor 的教学法模型中还包括苏格拉底式的指导原则（用问题引发探究而不是直接教学）和基于课堂的指导性练习（基于 100 多个小时面对面的人类教学辅导的对话分析）。它的适应性学习活动可以让学生参与教学对话，并在一种开放式对话中,系统引导学生自己发现当前问题的正确解决方案。

AutoTutor 教程对话通常包括五个步骤[261]:(1)自动导师(有时由在线动画角色代表)提出一个疑问或难题;(2)学生尝试回答,将他们的回答输入系统(或者有一些版本可以让学生大声回答);(3)自动导师评估,比对学生的回答与教材语料库中表达的概念的匹配程度,判断学生是否理解目标概念(LSA 技术意味着学生不需要匹配特定的措辞,只需要匹配基本的概念);(4)如果导师认为学生没有充分理解这个概念,他会提供反馈(反馈形式多样,包括纠正陈述、疑问、提示、暗示或简要总结等),可能会是直接纠正误解,或是鼓励学生扩展答案;(5)重复第二到第四步,帮助学生进一步提高答案质量。最后,AutoTutor 版本的学习者模型,包括学生教学辅导对话的贡献,以及每个学生输入的契合度(学生的答案与文本语料库的紧密程度)。[262]

一个 AutoTutor 对话[263]案例如下所示:

AutoTutor(主问题):假设一个男孩在一个自由下落的电梯里,他拿着钥匙静止不动地站着,然后松开手。钥匙会怎么样?解释为什么。

学生:钥匙不会移动,会停留在原处。

AutoTutor(让学生提供更多信息):我相信你能提供更详细的解释。

学生:由于重力作用,钥匙与电梯下落的速度是相同的。

AutoTutor（暗示）：各个物体的加速度呢？

学生：加速度是什么？

AutoTutor（回答）：我来试着回答你的问题。加速度是速度随时间变化的速率，比如变快或变慢。加速度是一个矢量，所以它需要有一个方向。

AutoTutor（暗示）：我们再试着回答一次。各个物体的加速度分别是多少？

学生：电梯中物体的加速度与电梯的加速度相同，即地球的重力加速度。

AutoTutor（简短反馈）：回答得好。

AutoTutor（提示）：再试试回答这个问题。物体的运动方向是什么？物体正在下落吗（动画人物向下做手势，提示学生进一步表达）？

学生：向下。

AutoTutor（简短反馈）：正确。

AutoTutor（提示完成）：物体在向下坠落。

在过去的二十年里，多项研究对 AutoTutor 进行了评估。[264]总体而言，这些研究表明，AutoTutor 可以达到的平均学习增益效应量大小约 0.8，这一效应量意味着，AutoTutor 比深度学习（理解概念）收益更高，而深度学习比浅层学习（了解事实）收益更高。这表明 AutoTutor 作为一个典型的专家型导师，在某些情况下，可能比许多非专业人类导师更有效（至少在学习效果方面）。[265]

Watson Tutor

相比上述两项 DBTS，Watson Tutor[266] 是一种更新的系统，由 IBM 和 Pearson（国际教育公司培生集团）两家全球公司合作开发。本文撰写时，开发人员正在对其进行评估，准备作为商业产品发布（集成到 Pearson 公司的一个名为 REVEL 的高等教育课件产品中）。Watson Tutor 是一个对话辅导系统，它能够使用自然语言进行对话，引导学生通过复习课。换句话说，与 AutoTutor 和 CIRCSIM 类似，Watson Tutor 不是为了引入新知识，而是为了加深对现有知识的理解。[267] 当学生使用 Watson Tutor 时，它会提供支持性内容（如文本、图片和视频），跟踪学习进度，根据学生答案的种类评估学科掌握程度，并相应调整对话。

Watson Tutor 的领域模型，即要学习的知识和技能的形式，来自一本教科书，尽管如此，该系统依然在很大程度上借鉴了 AutoTutor 研究人员开发的方法。Watson Tutor 包含一组学习目标和过程目标（即子学习目标，支持主要学习目标）、学习目标之间的关系图、主要问题和主要答案、主张（主要答案的知识构成）和引出主张的提示问题（包括 600 个主要问题和提示问题，主要来源于单一教科书），以及完成填空问题（基于学生主张）。所有这些都由 IBM Watson 工具集（前面提到的作为服务的 AI，包括自然语言理解和分类工具）从所选的教科书中通过自动化分析派生出来的。至少在理论上，这种领域模型方法意味着 Watson Tutor 可以直接适用于任何学术领域及其教科书（它最初的应用包括发展心理学、生理心理学、变态心理学、社会学、传播学和政治学）。

Watson Tutor 的教学模式同样采用了苏格拉底式方法，利用对话管理器控制系统何时向学生发送哪些回应。从学习目标出发，Watson Tutor 首先会问学生一个主要问题，目的是从学生那里引出主要答案。学生的回答由 IBM Watson 系统进行分类，根据分类以适当的反馈或提示问题进行回应，帮助学生获得理想的答案。对于主要问题，分类机制匹配学生对主要答案所有知识组成部分的响应，该机制使用监督式机器学习方法，每个问题需要提供超过 35 个学生的回答以及评分。如果学生在一个主要学习目标上有困难，Watson Tutor 会转向一个过程目标，重复对话的方法。

Watson Tutor 的学习者模型，主要包括对每个学生谈话过程中的熟练程度评价，包括学习目标和过程目标。它也可以作为一个开放性学习者模型，因为学生的熟练程度评价和发展中的胜任力，可以由学生个人和他们的老师在高水平和细粒度上进行探查。

Watson Tutor 的对话模式如下[268]：

Watson Tutor（学习目标主问题）：让我们回顾一下这个论题……试着回答这个问题：家庭的定义可以有哪些？

学生：家庭可以定义为生活在一起的人。

Watson Tutor（学生主张反馈）：太好了。亲属关系系统由生物学和社会习俗所界定的社会联系和边界组成，这些联系和边界确定了谁与谁有关。让我们更进一步。

Watson Tutor（学习目标提示问题）：社会学家如何定义家庭？

学生：社会学家将家庭定义为居住在一起的一群相关的人。

Watson Tutor（学生主张反馈）：这在一定程度上是正确的。答案还有很多。让我们一起来解决下面这个问题。

Watson Tutor（完成提示性填空题）：你能把缺的字补上吗？社会学家通常把家庭定义为一群人，他们共同生活在一个房子中，并且有共同的＿＿＿＿与/或＿＿＿＿纽带。

探索性学习环境

除了 ITS 和 DBTS 两种逐步指导式系统外，我们熟知的探索性学习环境（Exploratory Learning Environments，ELEs）是第三种能够提供逐步对话式教学的 AIED。ELEs 采用了一种建构主义的方法，该方法鼓励学生通过探索和操作学习环境中的各元素，积极构建自己的知识，而不是遵循动态生成的步骤序列。

事实上，探索和发现学习已经存在很长时间了[269]，但仍然存在争议[270]。批评者认为，由于没有明确的指导，学生需要自己去发现领域原则，这就导致了认知超载，造成学习效果不佳。避免认知超载正是 AI 的优势，最近出现的许多 AI 学习，包括 AI 驱动的自动指导和反馈，能够破除误解并提出替代方法，在学生探索过程中提供支持。

正如我们所看到的，提供有效的 AI 驱动支持需要一个学习者模型。然而，为 ELEs 这样的非结构化环境构建学习者模型可能很有挑战性："互动的无约束性和缺乏正确行为的界定，使得我们很难事先预知哪些行为有利于学习。"[271] 尽管如此，学习者模型依然是 ELEs 的一个重要组成部分。

本部分中，我们同样将简要探讨四个示例。[272] 每一个例子都包含一个学习者模型，并使用不同的 AI 驱动方法提供必要的支持：分数实验室（Fractions Lab，根据学生的情感状态自动提供反馈），贝蒂的大脑（Betty's Brain，包括一个可被教的代理人），水晶岛（Crystal Island，使用基于游戏的方法），回声（ECHOES，为了支持自闭症儿童而设计）。

Fractions Lab

Fractions Lab，由欧盟资助研究项目开发[273]，旨在帮助学生发展概念性知识，即分数的基本原理。在这个探索性学习环境（ELE）中，学生可以选择和操作分数表达图标（例如，选择一个矩形、罐子或数轴来表示一个特定的分数，可以通过改变分子和分母来创建分数），目的是解决一个给定的分数问题（例如"使用 Fractions Lab 解决$\frac{2}{3}$加$\frac{2}{6}$"）。为了避免在处理给定任务时出现认知过载，Fractions Lab 使用 AI 技术为学生提供适应性支持，也就是说，针对学生尝试解决方案时所处的状况提供反馈或指导（例如，"要把这两个分数相加，首先要使它们等价。如何调整分母？"）。然而，除了提供这种特定情境的指导，反馈还旨在增强学生的情感状态，也就是说，将学生从消极的情感状态（如沮丧或无聊）转移到积极的情感状态（通常认为该状态更有利于学习）。

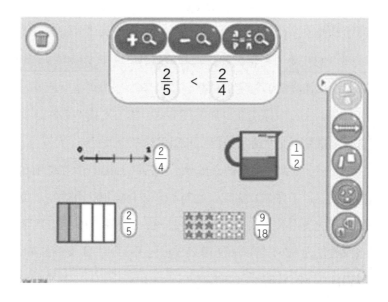

该功能通过使用课堂研究数据训练的贝叶斯网络实现，其中一种网络决定了给学生最合适的形成性反馈类型。例如，如果学生感到困惑，贝叶斯网络就会确定最有效的措施，如某种情感激励（例如"做得很好。你工作很努力！"）或特定的指导反馈（例如"用比较框帮助你比较分数"）。

系统提供的其他反馈包括苏格拉底式反馈（例如"你现在需要做什么，才能完成这个分数？"）、反思性提示（例如"你注意到这两个分数了吗？"）、确认性提示（例如"你解决问题的方法很棒！"），以及顺序性提示（例如"你确信你已完全完成了任务吗？请把任务再读一遍"）。

Fractions Lab 的教学法模型和领域模型包括整体建构主义的 ELE 方法，以及用于确定形成性反馈内容的信息。同时，其学习者模型的数据还包含学生推论的情感状态、当前任务的进展、与学习环境的互动（是否创建、选择或操作了分数表达图标）、学生收到的反馈类型、特定的信息，以及学生是否遵循反馈等。当学生与分数表达图标交互以回答任务时，学习者模型不断地更新信息，包括关于交互活动的信息和提供给学生的反馈。

作为一个更大型项目的一部分[274]，Fractions Lab 在德国和英国的学校进行了评估，比较了它与 ITS 结合运用的有效性。虽然这些工具的使用时间较短，但结果表明，ELE 和 ITS 组合的学习增益效应量为 0.7（与单独使用 ITS 相比），说明 AI 支持的 ELEs 可以提供一种有效的学习方法。

Betty's Brain

Betty's Brain 是 ELE 的标志性成果[275]，它运用了 AI 驱动、可教代理人技术，其设计目标是促进科学概念的理解性学习，使用河流生态系统课程作为可用范例。Betty's Brain 的特殊之处在于，它能够与学生互动，并鼓励他们去教其他同学，本质上它是一个虚拟代理，名为 Betty。之所以采用这种方法（这是该体系教学法模型的基础），是因为现实证明教学能够有效促进学习——众所周知，它可以帮助学生构建、反思和发展对所学内容更深入的理解。[276]

该系统设置了概括性介绍（用于帮助 Betty 申请加入某科学俱乐部），学生首先需要在系统帮助下教授 Betty，然后会询问 Betty 看看她理解了多少，最后去测试 Betty，看看她在系统自动生成的问题上回答得如何，这些问题中很多可能都是学生没有考虑到的问题。

用于教 Betty 的机制集中在一个概念图编辑器上，它表示学生教授 Betty 的内容。学生利用所提供的一系列阅读材料和可用的编辑工具，构建河流生态系统（河流的植物、动物、微生物、化学成分和物理特征之间的关系）的概念图，并通过边界（表示各组成部分之间的因果关系和其他联系）连接节点（表示特定的知识组件）。实际上，在该过程中，学生建立了自己的语义网络，形成了系统学习模型的核心（也就是说，它代表了学生当前的知识和理解）。学习者模型还包括学生与系统交互的记录。有趣的是，由于概念图是可视化的，并开放给学生和老师检查，因此同样也有开放性学习者模型的功能。

一旦 Betty 学会了，学生就可以问她一个问题（例如，"如果大型无脊椎动物增加了，细菌会发生什么变化？"）。在回答中，Betty 使用概念图进行推理并生成答案（例如，"大型无脊椎动物的增加不会引起细菌的变化"）。学生也可以要求 Betty 给出一个解释，Betty 会强调概念图中的因果关系，由此给出解释。

该系统还能使用概念图和系统的领域模型生成测验问题，这些问题由虚拟教师戴维斯（Davis）先生管理。Betty 回答的测验问题直接从概念图中提取，而 Davis 的反馈也使用领域模型，并能够建议学生如何编辑概念图帮助 Betty 在测验中获得更高的分数。换句话说，Davis 可以纠正 Betty 产生的所有错误，并识别误解。Davis 还可以在元认知层面提出建议，例如，更好地利用阅读材料，帮助学习者发展良好的元学习策略（学习技能）。

多项研究对 Betty's Brain 进行了评估[277]，发现在最初的配置中，学生的成绩常常两极分化，一部分学生在系统上取得了较好的发展，另一部分学生在系统上遇到了困难。研究人员接着开发了一个新版本，用来研究不同的学习行为。[278]

Crystal Island

Crystal Island[279] 是北卡罗来纳州立大学的研究成果。它采用了沉浸式、第一人称、电脑游戏的方法，让学生扮演一个侦探的角色，调查神秘疾病在偏远岛屿传播的事件。基于游戏的学习方法 [280] 是 Crystal Island 的基本教学模式。在解决谜题的过程中，学生不仅能够学习专业的科学探究方法（包括证据收集、假设检验和数据分析），还能运用和发展他们的读写能力，所有这些共同构成了系统的领域模型。同时，系统对学生的知识发展、情感状态和技能进行自动建模（在 ELE 学习者模型中），提供自主式支持性反馈。此外，在整个游戏过程中，学生们能够与 AI 驱动的自主非玩家角色（伙伴代理）交流，这些角色基于多年来主流电脑游戏 AI 技术开发而成。[281]

ECHOES

我们的第四个 ELE 样例是 ECHOES[282]，该系统再次使用以游戏为基础的方法，但这次是为了支持自闭症儿童。ECHOES 是一个虚拟的环境，一个魔法花园，孩子在里面和一个叫安迪（Andy）的智能儿童代理互动。孩子的老师（非 AI）可以从 Andy 主导的 12 项学习活动中选择一项开展，每项活动都旨在提高孩子集中注意力的能力，并帮助他们发展社交技能。

魔法花园显示在一个巨大的触摸屏显示器上，孩子能够通过触摸屏和 Andy 相互交流，并与花园里的物体互动。有时，当触摸到花园的植物时，它们会以不同寻常的方式发生变化。例如，轻敲花瓣可以使它变成一个漂浮的泡泡或一个有弹性的球。该系统还包括一套眼球追踪摄像头，让 Andy "知道"孩子在看什么。

　　Andy 的设计理念是成为一个 AI 社交伙伴，既可以作为同伴，也可以作为导师。它的实现基于一个被称为 FAtiMA 的成熟 AI 代理架构[283]，这使 Andy 具备自主性、主动性、反应性和社会情感性能力。此外，Andy 还具有积极的支持性特征。例如，它总是直呼孩子的名字，在孩子参与互动时给予积极的反馈，如果孩子显得心不在焉，它会试图让孩子重新参与进来。Andy 还能用面部表情和手势来表示它的情绪反应。例如，当孩子开始一项活动时，它微笑着竖起大拇指。

　　ECHOES 拥有一个教学法模型，监控孩子和 Andy 之间的发展性互动，帮助确保实现学习目标；它还包括一个用户模型，旨在监控孩子的认知和情绪状态，以便 Andy 能够给出适当的实时反馈。

小　结

　　正如我们所看到的，由于 ELEs 是一种非结构化、开放式的学习环境，学生可以随心所欲地探索，因此没有明确的正确行为定义，很难对学生建模并提供必要的指导。有鉴于此，在过去的几年里，科纳蒂（Conati）和他的同事研究并开发了一个多层学生建模框架[284]，他们在一个名为 CCK 的 ELE 中实现了该框架，让 CCK 可以应用于其他的 ELEs 后台。该框架运用大量已记录的学生行为，系统训练学习哪些学生行为应该触发补救指导，以及哪些行为会导致什么结果（例如高成就或低成就）。CCK 记录学生数据，包括使用的组件（如灯泡）、学生操作（连接）和模拟结果（光强度的变化），基于这些数据和学习结果，运用非监督式学习将学生分组，同组学生将进行类似的学习。然后使用学生聚类模型对新生进行分类，并根据记录的和预期的行为，触发实时的、自适应的支持，帮助学生达成更好的学习效果。

自动写作评价系统

到目前为止，我们所研究的 AIED 应用程序——包括分步教学、对话辅导系统以及探索性学习环境——都需要学生在计算机上开展学习（有时是移动设备）[285]，在进行个性化学习的同时，可以获得即时的适应性支持。另一种类型的 AIED，自动写作评价（AWE），则使用自然语言和语义处理，在学生提交作文后，系统提供自动反馈。[286]

一般说来，有两种相互重叠的 AWE 方法，即形成性方法（提供支持，学生能够在提交作文进行评估之前提高写作水平）[287] 和总结性方法（自动评分）[288]。然而，与已开展多年的多项选择和填空测试自动评分相似，该系统的评分功能更为突出，胜过反馈功能。此类系统的开发，无论是用于教师的小规模考试（用于低利害关系的课堂评估）还是各考试公司的大规模考试（用于大规模、全州范围的或全国性的高风险评估），通常都由提高总结性评估的效益、可靠性和普遍性的愿望所驱动。

　　效率是自动化阅读器的优势所在。据美国教育考试服务中心（ETS）称，e-rater引擎可以在大约20秒内为1.6万篇论文打分。一个普通的老师可能需要花上整个周末的时间，却只能批改150篇论文，而这种效率正是促使更多教育公司创建自动化系统的原因。[289]

论文自动反馈和评分系统可能是 AIED 研究中资金最充足的领域，而效益可能是其背后最大的意愿，同时也是大量商业 AWE 系统出现的原因。[290] 现有的 AWE 系统如此之多，[291] 运用许多不同的方法，各有千秋，也各有局限，因此我们将再次简单地介绍一些突出的案例。

项目论文评分系统

AWE 的诞生可以追溯到 1966 年杜克大学埃利斯·佩奇（Ellis Page）的项目论文评分（Project Essay Grade，PEG）系统。PEG 的原始版本使用了多达 400 篇论文的评分统计数据，将教师评分与系统评分进行比较。各种研究表明，系统评分可以获得与人类评分相媲美的预测分数。然而，也有人批评 PEG 系统，认为它专注于写作技巧的间接度量（文章的表面特性，如句子的数量，使用标点和语法）而不是句子的意义、写作风格或者作者如何论述他们的论点（换句话说，PEG 只关注形式而不关注文章内容）。正基于该原因，PEG 不能提供有意义的形成性反馈，无法帮助学生提高论文的学术质量（而不是表面形式），只能提供一个总结性的分数。PEG 的有效性还取决于训练论文的选择，以及训练集中人类标记所作评价的质量。近期，PEG 进行了重新设计，系统吸收了计算语言学、机器学习和自然语言处理技术。新版 PEG 参与了休利特基金会（Hewlett Foundation）赞助的学生评估自动系统奖（Automated Student Assessment Prize）竞赛。[292]

智能论文评估系统

另一种早期的 AWE 方法是智能论文评估系统（Intelligent Essay Assessor，IEA），它使用了潜在语义分析（LSA）技术。这是一种统计技术，我们在讨论基于对话辅导系统 AutoTutor 时曾经提及过。LSA 能够让 IEA 通过结合单词和句子出现的上下文，推断单词和句子的含义，并计算目标文档与训练语料库之间的语义关联："其基本思想是，一段文章的含义在很大程度上取决于单词，即使只改变一个单词也会导致文章意义的差异。另一方面，两个单词不同的段落可能有非常相似的意思。"[293]

有研究准备了一系列训练文本，包括大量预先评分的学生论文、专家论文范例和知识源材料（如教科书和学术论文），让 IEA 系统通过对比训练文本，计算论文的得分相似度。系统通过平均相似度评分确定文章的分数。然而，通过与关键领域代表文本比较，系统也能够在六个方面提供诊断和形成性评估反馈：思想和内容、组织、句子流畅性、单词选择、惯例、语态。IEA 也能够发现一些论文剽窃问题（即，在知识来源材料中复制文本段落）和共谋问题（在一系列论文中，不止一篇文章出现类似段落），这两种情况（即使仅仅因为涉及的范围）都很难被人类标记识别。IEA 也参与了学生评估自动系统奖的角逐。[294]

边写边学

近年来，Pearson 公司进一步发展了 IEA 的方法，并将其纳入到自己的产品边写边学（WriteToLearn）中。[295] 目前，该系统通过采用最为流行的 AI 技术，能够提供深入的形成性反馈和总结性评分。系统根据一个或多个评分标准对论文进行评估，后台技术则使用了监督式机器学习方法，其训练集中包含了大约 300 篇具有代表性的已评分论文。评分标准包括主题聚焦性、观点创新、论文组织、语言风格、表达语态、句子正确性和流畅性等特征。该系统还能够检测出提交的论文中出现的各种错误，进而在叙述、阐述、描述、说服等方面提供一系列具体的提示，所有这些都以学生的写作表现为基础，有针对性地帮助学生提高下一稿的写作水平。此外，该系统还可以对写作进行评分，依据一个代表高质量写作特征的标准进行评价：观点、组织、惯例、句子流畅性、用词和语态。该软件的第二个组件可以基于学生对给定文本的总结进行评估和反馈，这一功能有助于学生发展阅读理解技能。

一些研究已经对 WriteToLearn 进行了评估。在一项涉及 2 万多名学生和 7 万份作业的全国性研究中 [296]，学生平均提交了大约 4 份作业稿（比传统课堂环境中的通常情况要多），评分标准的满分为 6 分。经 WriteToLearn 辅导，学生们的总分提高了近 1 分（没有给出效应量大小）。研究表明，这些改进不仅体现在基本写作技能上，还体现在思想和语态等更高层次的特征上。

电子评分器

第三种 AWE 方法最初称为电子评分器（e-Rater），由美国教育考试服务中心（Educational Testing Service，ETS）开发，应用极为广泛（例如，在 GMAT 考试中，以及最近版本的通用核心标准中）。[297] 和早期的系统一样，e-Rater 使用自然语言处理技术自动从文章中提取大量的语言特征（句法多样性、论题内容、词汇和句法线索）。然后，算法识别论文的每个特征并赋值，这些特征通过线性回归计算，并与一组由人类专家打分的训练论文进行比较，从而预测最终得分。ETS 称，尽管存在文化差异和第二语言差异，e-Rater 在一系列学科领域的分数依然具有心理测量效度。

修改助手

修改助手（Revision Assistant）、公开评论家（OpenEssayist）、

AI 评分（AI grading）是 AWE 的最后三个短案例。这家名为
Turnitin 的公司或许以反剽窃软件而闻名于世，该软件可以自动
将学生的论文与数十亿份互联网文件和期刊论文进行比对，现在
该公司还开发了 Revision Assistant。该系统旨在对学生短文类
（200 至 700 字）文体作品进行评价并提供形成性反馈，同时运用
了监督式机器学习（建立了由至少两名人类教师打分的论文训练
集）和非监督式机器学习（课堂上使用过该系统的学生提供了数
千篇未打分的论文）来实现这一目标。

　　Turnitin 通过大量低层次的文本特征（如单词字格和文章长
度）来分析提交的文章，并使用多种方法来计算预测分。例如，
一个核心的分析技术是从提交的文章中删除一个句子，以确定该
编辑行为如何影响预测分。如果预测的分数增加了，系统就会推
断出该句子具有较强的特定评估特征。这样，系统就可以对照评
价标准，为学生提交的每一份论文草稿进行分析，并自动从内容
专家撰写的上千条反馈意见中提取信息，为学生提供具体到句子
的形成性反馈。

　　课堂观察（在撰写本文时，还没有任何有效性研究发表）表
明，该系统能够自动生成反馈，学生们不仅能够很好地接受反
馈，并且分数也能够有同步的提高。Turnitin 认为，他们的论文
自动反馈系统不仅为学生提供了更频繁的形成性反馈，而且"让
老师从繁重的批改任务、有时必须用红笔给出批评性评语中脱离
出来，真正作为指导者和阅读者参与到课堂中，与学生一起示范

如何解释系统的反馈"。

公开评论家

公评论家（OpenEssayist）[298] 由英国开放大学和牛津大学共同开发，同样使用了自然语言处理模式，但采用了另一种实现方法，更关注如何将反馈呈现给学生，使其易于实施。该系统的语言分析引擎使用非监督式学习算法，对学生论文中的关键词、短语和句子进行聚类，然后生成几个外部展示。例如，关键字和短语在词云中展现，用户可以进行探索并组成组类。它还使用自动生成的动画和交互式练习，鼓励学生反思文章的内容，帮助学生提高写作水平，同时促进更高层次的学习过程：自我调节学习、自我认知和元认知。

AI 评分

我们最后的案例其实并没有正式命名，它是 EdX MOOC（大规模开放在线课程）平台为了解决为数千名学生批改论文问题而开发的。[299] 该系统再次使用了一种创新的机器学习算法，该算法由数百篇教师打分的作文训练而成，并配置了教师编写的评分量规。[300] 然而，EdX 系统只需要简单地提一下，因为它目前似乎还不可用，而且很难找到具体细节。尽管如此，我们收录该系统主要有两个原因：一是 MOOC 教学方法的进一步发展可能需要某种方法大规模评估学生的贡献，二是着眼人们对整个论文自动评分项目的批评，它有助于催化出关键性创新。针对反对学生论文机器评分的专业人士所提出的批评，高风险评估（High-Stakes Assessment）网站进行了简洁的总结和全面的参考：

> 研究表明，计算机论文评分的本质是：华而不实（论文评级只考虑表面特征，如字体大小、主题词汇和论文长度），初学涂鸦（评价长篇散文诗写作只有小学生水平），错漏百出（或是遗漏了很多错误，或是把正确之处判定为错误），张冠李戴（与后续写作表现几乎没有关系），厚此薄彼（歧视少数民族裔和用第二语言撰写的作者），秘不示人（测试公司阻碍对其产品的独立研究）。[301]

最后，我们应该提出一个完全相反的问题。当学生接触到能够自动撰写（生成）高质量论文的 AI 技术时会发生什么（不可避免地导致自动写作和自动评估之间的竞争）？[302] 这一问题目前还没有定论，但我们相信不远的将来定能看到。

还有哪些其他的教育AI?

　　正如我们在 ITS 讨论中提到的，任何关于 AI 在教育中应用的调查都是不完整的，因为每天都有使用新技术的新 AIED 应用推出。出现这种盛况，是因为人们对 AI 的兴趣普遍高涨，并且更快的计算机处理器、大量的教育大数据和新的计算方法的出现，让 AI 技术在近期取得了许多进展。事实上，教育已经成为许多 AI 开发者的关注热点（正如我们一开始所指出的，到 2024 年，AIED 的市场预计将价值 60 亿美元），谷歌快速搜索能够找出数百种产品，均声称能够支持学生并提高学习效果。教育技术咨询公司 GettingSmart 最近发布该搜索结果，列出了 32 种"正在（或即将）充分利用机器学习来支持更好教育的"商业应用。[303]

　　事实上，正如下表所总结的，大多数现有的 AIED 应用程序可以按照五个互补维度进行分类：（1）AIED 面向的学习者类型；（2）AIED 涵盖的学习领域；（3）AIED 应用的学习方

法；（4）AIED 提供的学习支持；（5）AIED 提供的教学支持。当
然，AI 也可能会出现在机构层面（学习之外），包括学习管理系
统（如 MOOCs）和学校管理平台（处理课程表、员工调度、设
备管理、财务、网络安全、安全保卫以及电子认证）。但 AI 在教
育行政中的应用超出了本书的范围。还需要注意的是，旨在直接
支持学生的 AIED 技术（面向学生的工具，如我们讨论过的 ITS、
DBTS、ELE 和自动写作评估系统），旨在通过支持教师间接支
持学生的 AIED 技术（面向教师的工具），两者之间也存在区别。
稍后我们将深入讨论这些区别。

AIED 五维表

维　度	案　例
学习者类型	幼儿教育； K-12； 高等教育； 非学历教育； 职业培训； 特殊教育。
学习领域	包括数学、物理、语言、音乐等等。
学习方法	循序渐进教学适应性学习； 对话式适应性学习； 探索式学习； 写作分析。

（续　表）

维　度	案　例
学习支持	学习诊断； 辅导； 评估； 网络接入器； 对话机器人。
教学支持	学习者自动画像； 智能学分表。

　　然而在本书中，我们将 AI 技术在教育中的应用总结为六套工具或技术，其中一些建立在我们已经提到的 AIED 方法基础上，而另一些则采用其他 AI 技术。我们从首先想到的 ITS+ 开始，然后是 AI 支持的语言学习、聊天机器人、增强和虚拟现实，以及学习网络编配程序。

智能辅导系统 +：ALT 学校、自适应学习平台与流明镜

　　所谓智能辅导系统 +（ITS+），我们指的是增强或扩展标准 ITS 功能的方法，这些方法可能会扩展 ITS 的范围或添加另一个层次。我们的第一个案例是 ALT 学校（ALT School）[304]，这是一家由陈 - 扎克伯格倡议（Chan Zuckerberg Initiative）资助，谷歌前高管创立的硅谷企业。ALT 学校与传统学校的不同之处在于，它利用大数据为整个学校的学生提供个性化学习——换句

话说，这实际上是整个学校范围内的 ITS。每周，ALT 学校所有的学生都会收到一个自动生成的活动列表，这些活动旨在培养学生的掌握能力，当学生参与这些活动时，系统会记录并分析他们之间互动的大量数据。活动结果包括每个学生的优点、缺点和进步，然后提供给老师。同时，利用 AI 技术对教室壁挂式摄像机拍摄的学生活动视频进行分析，为学生参与提供指标。有趣的是，ALT 学校最近似乎改变了他们的商业模式。也许是受到我们下一个案例的启发，他们现在主要把技术提供给其他学校，而不是专注于经营自己的学校。

我们第二个 ITS+ 案例是"自适应学习平台"（adaptive learning platform，ALP），由 Kidaptive 公司[305]设计开发，为非 AI 类教育技术开发人员提供"AIED 引擎服务"。也就是说，ALP 为标准 EdTech 提供后端 ITS 功能。合作伙伴公司使用客户端或服务器端软件开发工具包（SDKs）将其 EdTech 产品连接到 ALP，然后实时分析用户数据。可以聚合来自各种学习情境的数据流，为每个学生的交互、偏好和成就创建深入的心理档案（学习者模型）。随后，它使用项目反应理论、心理测量框架来确定学生下一个最佳挑战、教学材料或活动，然后将合作伙伴的 EdTech 产品交付给学生。ALP 还可以为教师和家长提供个性化的意见和建议，帮助他们找到支持学习者个体的最佳方式。

我们把可能是最有趣的 ITS + 留到最后：流明镜（Lumilo）[306]。到目前为止，Lumilo 还只是一个研究项目，它使用混合现实智能眼镜，让教师观察学生获得他们的实时数据。换句话说，使用 Lumilo 的教师能够利用 ITS 驱动的自适应学习和分析，同时就像在没有计算机的世界里一样观察并参与课堂活动。

这个工具来自一项研究，该研究建议教师使用 ITS，"便能够即时看到学生什么时候'卡壳了'（即使那个学生没有举手），什么时候没有完成任务，或者在其他方面滥用了软件，并且能够实时看到学生一步一步地推理"[307]。然而，尽管许多典型的 ITS 可能也提供了很多此类的信息，但它们无法记录或突出许多微妙线索，而有经验的教师则会一直注意并充分利用学生表现出的这些线索。

因此，Lumilo 智能眼镜可以将学生行为和学习状态的实时指标，叠加在教师对班级的总体看法之上（换句话说，它是一个增强现实系统，我们稍后会详细讨论）。当老师环顾教室，观察学生的 ITS 活动[308]时，总结信息就会出现，并漂浮在每个学生的头顶上。看着某个特定的学生，点击一个手持点击器或做一个特定的手势，就会弹出该学生屏幕的实时提要或更详细的信息（比如他们犯了多少错误或请求了多少提示）。通过比较 ITS 数据与教师观察数据，Lumilo 的研究目标是让教师能够在学生作出决定时，对他们进行适当的干预。

语言学习：巴贝尔与多邻国

AI 在教育领域的另一个应用是语言学习（language learning），最近这方面的应用有了长足的发展。然而，简单地说，近年来自然语言处理最具革命性的应用可能是 2017 年推出的谷歌智能耳机（Google Pixel Buds）[309]，该产品来自我们之前讨论过的自然语言处理统计方法研究。Google Pixel Buds 的算法，尽管还远远谈不上完美，但已然能够在两种口语之间实现实时翻译，使两个语言不通的人能够进行适当的对话——它终于让人们期待已久的科幻道具成为了现实。还记得《星际迷航》（Star Trek）里的宇宙翻译器[310]吗，或者《银河系漫游指南》（The Hitchhiker's Guide to the Galaxy）里的巴别鱼[311]吗？

尽管有了此类产品，目前人们仍然有充分的理由去学习另一种语言。[312]两种最著名的 AI 驱动的语言学习商业产品是巴贝尔（Babbel）和多邻国（Duolingo），尽管几乎没有证据表明它们在正式的教育环境中被广泛使用[我们可以轻易地选择其他类似产品，如忆术家（Memrise）[313]、罗塞塔（Rosetta Stone）[314]、蒙蒂（Mondly）[315]等]。

我们的第一个案例是 Babbel[316]，该产品使用 AI 驱动的语音识别（以及典型的 ITS 个性化算法）支持语言学习的历史大约已经有十年了。其方法是将学生的单词口语发音与母语课程编辑录制的语音样本进行比较，并提供即时反馈，帮助学生改善发音。

具体有两个主要步骤：识别单词、评估发音，这两个步骤都很有挑战性。为了识别单词，系统首先要检测用户何时开始和停止说话，在典型的环境中这意味着过滤掉周围的噪音（比如其他人在背后说话的声音，或者一架飞机从头顶飞过的声音）。然后将这些单词与语音样本数据库进行比较，首先要识别这个单词，然后检查它的发音，并要考虑到不同的人（男性／女性，年轻人／老年人）有非常不同的声音（他们说话的频率和节奏不同）。

　　Duolingo[317] 也使用了语音识别技术，我们将重点介绍它运用 ITS 系统开展个性化教学这一特点的情况。Duolingo 借鉴了学习科学中已经确立的两个原则：间距效应 [318]（如果使用间隔练习，将学习时间分散开来开展多次短时间学习，而不是集中练习或死记硬背，我们就能更有效地记住东西）与滞后效应 [319]（如果练习之间的间隔逐渐增大，我们会学得更好）。[320] 于是，系统利用了一种基于莱特纳盒（Leitner Box）的算法 [321]（答案不正确的试题卡仍然放在一个试题盒的前面，学习者只隔一小段时间就会再次遇到，而那些答对的则会被送到盒子的后面，这样就可以推迟正确试题再次出现的时间）。系统使用单词最后一次练习的滞后时间和单词半衰期（单词在学习者长期记忆中的强度）构建函数，利用该函数推断学生正确回忆单词的概率，依据概率预测给学生发放练习的最佳时间。这个函数依据每一个学生的数据个性化建模，数据主要包含学习者以前学习经验的跟踪数据（学生看到这个单词的次数，正确回忆的次数，以及错误的次数）。2012

年的一项独立研究发现，使用 Duolingo 的学生提高了西班牙语能力，相当于上了一个学期的标准语言课（然而，该研究没有将 Duolingo 与标准语言课程或任何类似产品进行比较，也没有给出效应量大小）。

聊天机器人：艾达与弗洛伊德机器人

第一个能够用自然语言交谈的计算机程序是 ELIZA（我们在附录 2 中描述），它是 AI 聊天机器人（chatbots）的前身。如今，经过 50 年的发展，聊天机器人正成为主流[322]，五大科技巨头都推出了自己的语音数字助理：亚马逊的 Alexa、苹果的 Siri、脸书的 Messenger[323]、谷歌的 Assistant 以及微软的 Cortana。尽管如此，聊天机器人的发展并不总是一帆风顺的（还记得微软聊天机器人 Tay 在推特上发表的种族主义言论吗？），[324] 目前还没有一款聊天机器人能够令人信服地通过图灵测试（Turing Test）（如果一个人不能判断谈话对象是人还是电脑，那么这台电脑就通过了图灵测试）。[325] 话虽如此，最近谷歌推出的复式聊天机器人（Google Duplex chatbot）具有预定餐厅和预约理发师功能（然而，这次示威活动显然是经过精心策划的，而且颇有争议）。[326] 尽管如此，就在近期，一家聊天机器人服务公司独自声称[327]，通过它的工具集，已经创建出超过 30 万个聊天机器人，而这只是众多此类平台中的一个。[328]

一般来说，聊天机器人通常设计成自动响应消息（短信、网站聊天、社交消息和语音），使用规则和关键字从预编程的脚本响应中选择（就像 ELIZA 和目前大多数简单机器人一样），或者用自适应机器学习算法生成独特的响应（与 Siri、Duplex 和 Tay 等更为复杂的机器人一样）。聊天机器人正迅速变得无处不在，能够做任何事情，包括订票[329]、点餐[330]，成为家庭医生[331]、财务顾问[332]，在征兵[333]、会计[334]工作中应用，成为你的导购[335]、同伴[336]，陪护患有焦虑症的年轻人[337]。

聊天机器人也越来越多地在教育行业中得以广泛运用。例如，对课程进行初步查询的学生可能会发现，他们正在与一个机器人交谈，而机器人的工作就是引导他们获得想要的信息。[338]在一些设施中[339]，聊天机器人还可以在学术服务、宿舍、学习设施、考试、IT、健康等方面为学生提供持续的支持和指导。[340]在某些情况下，它们还可以直接用于学习支持——实际上，我们前面提到的 DBTS（包括 AutoTutor 与 Watson Tutor），就可以认为是教育聊天机器人的特例。例如，聊天机器人可能会提供反馈支持学生的反思和自我效能感[341]，并且已经有一些语言学习应用程序，使用聊天机器人在模拟的真实场景中进行全私密的口语练习。[342]

然而，这并不是说聊天机器人是一种教育良方。例如，一个学生"愿意用外语交流……但随着时间的推移，与人类学习伙伴相比，学生们对与机器人对话的兴趣会迅速下降。这可能是因为一个简单的新奇效应，或者只是因为聊天机器人相对于人类帮手来说价值较低"[343]。

典型的教育聊天机器人（除了前面讨论的 DBTS 之外）是 Ada 和 Freudbot。Ada[344] 由英国一所社区学院开发，使用了 IBM 的沃森对话平台（Watson Conversation platform）。简而言之，Ada 展示了如何使用有限的资源和 AI 即服务（AI-as-a-service）技术实现教育聊天机器人。Ada 以计算机先驱爱达·勒芙蕾丝（Ada Lovelace）的名字命名，可在多种设备上使用（桌面系统、移动设备和自助终端），能够响应一系列的学生查询，提供个性化和符合实际的响应。这一功能背后利用了学生的课程、进度、目标和个人目标等数据支撑。Ada 已经能够回答关于图书馆、学生服务、财务、宿舍、交通、职业和考试等方面的问题，而且每次互动都能让它学到更多。例如，一个学生可能会问早上有什么课程，或者明天的考试在哪里举行，或者最近作业成绩如何。与此同时，老师可能询问最近参加过的职业发展研讨会列表，或者询问某个学生的学习成绩。

Freudbot[345] 是一种早期的聊天机器人（实际上是原始的 DBTS），能够让学生参与一个关于教育主题的对话（而不是像 Ada 那样，为学生提供有关他们所在场所和学习的信息）。机器人扮演了精神分析学家西格蒙德·弗洛伊德（Sigmund Freud）的人物角色，以第一人称与上心理学入门课程的学生谈论他的理论和人生。Freudbot 是在机器学习技术变得易于实现之前开发的，因此使用规则和可识别关键字从预先编程的脚本响应中进行选择，这些脚本利用了大量的资源，包括对弗洛伊德术语和概念的解释以及一个开源传记。当学生的问题或回答超出了其规则基础时，Freudbot 会默认使用一种支持策略，例如要求澄清或建议一个新的讨论主题，其目的始终是引导用户回到弗洛伊德核心主题的讨论。

虚拟现实与增强现实

虚拟现实（virtual reality，VR）和增强现实（augmented reality，AR）是两项创新，许多人一直试图将其应用于教育行业[346]（例如，谷歌已经基于教育需求开发了超过 1000 个 VR 和 AR 实境教学）[347]。VR 提供了一种沉浸式的体验，将现实世界拒之门外，让佩戴合适 VR 眼镜的用户可以进入到广阔的现实世界或想象环境中，比如国际空间站，手术室[348]或者霍格沃茨城堡[349]。另一方面，正如我们之前在 Lumilo 中提到的，AR 将计算机生成的图像覆盖在用户的真实世界视图之上（很像战斗机飞行员头带的显示头盔）[350]，当用智能手机或其他类似设备观看时，可以增强或调节用户对现实的看法。例如，当智能手机的摄像头对准山脉时，山脉的名称和海拔可能会在图像上显示[351]，当扫描某个特定的二维码时，你可能会发现一个可以被详细探测的 3D 人类心脏[352]，或是在特定的街道旁，可能会发现一个等待被抓的口袋妖怪（Pokémon）游戏角色[353]。虽然传统上，人们并不认为 VR 和 AR 是 AI 技术，但我们在这里提到 VR 和 AR 是因为它们都经常与 AI 机器学习、图像识别和自然语言处理相结合，其目的是进一步增强用户体验。[354]

　　30 名学生都戴着眼镜沉浸在另一个世界中，尽管该想法可能会让一名教师感到恐惧，尽管"虚拟现实并不能从本质上让每一次体验在动机和学习方面都变得更好"[355]，但如果使用得当，VR 和 AR 都有可能成为教育者手中有用的工具。举几个简单的例子：为缓解乳腺癌患者的焦虑，虚拟现实技术已经有效应用于虚拟放疗过程体验中，并针对每个患者量身定制。[356] 虚拟现实技术已广泛应用于为神经外科住院医生提供各种神经外科手术程序的培训[357]，让学生直接与历史人物互动[358]。而 VR 教室则用来为实习教师提供一个"吸引人的、真实的、互动的虚拟教室，让他们与虚拟学生进行真实的互动"。[359] 研究人员还提出了使用虚拟现实增强学生沉浸式模拟的体验，如 EcoMUVE[360]，这是哈佛大学开发的沉浸式多用户虚拟环境和相关的探究性课程。EcoMUVE 旨在让学生扮演科学家的角色，在虚拟生态系统中探索和收集数据，以回答研究问题，从而了解生态系统。尽管虚拟现实界面可能让一些任务更加困难，但研究人员认为，通过增加学生在模拟环境中的存在感，有可能使模拟更真实，进而有可能提高学习从虚拟到现实世界的迁移。[361]

　　另一方面，AR 已用于以下活动：学生探索和操作有机分子的三维模型，以提高他们对化学的理解 [362]，帮助小学生学习历史 [363]，并在一个基于 AR 的数字游戏学习环境中支持学生的阅读理解。[364] 这几个例子仅仅触及了 VR 和 AR 在教育领域研究的表面。[365]

学习网络编配程序：第三空间学习与智能学伴

学习网络编配程序（learning network orchestrators, LNO）[366]，是搭建并支持学习网络（学生和他们的同龄人，学生和他们的老师，或者学生和业界人士）的工具或方法。LNOs 通常根据参与者的在线情况、主题领域和参与者的各种专业知识进行匹配，并可以促进他们之间的协调与合作："参与者可以相互交流、分享他们的学习经验、建立关系、分享建议、给出评论、合作、共同创造，等等。"[367]AI 技术正慢慢引入到 LNO 产品中，以实现大部分业务流程的自动化，并让以前无法构建的网络具备了可能性。

例如，利用新颖的方法，"第三空间学习"（Third Space Learning）将有数学测试失败风险的英国小学生与印度和斯里兰卡的数学老师联系起来。该系统支持个人辅导，导师和学生通过一个安全的在线虚拟教室相互交流，教室有双向音频和共享的交互式白板。AI 引入系统后，会自动监控每一节课，每周数千小时的教学和学习产生大量的数据。然后，算法的目标是用实时反馈指导导师，确保教学大致遵循一个大纲脚本，采用得到良好支持的学习科学原则，确定哪些地方的学生有错误的观念没有被导师发现（通过比较个体和整体学习者模型），并促进导师不断提高他们的教学技能。

另一方面，智能学件（Smart Learning Partner）[368] 使用更简单的 AI 技术让学生更好地控制自己的学习。它是北京师范大学未来教育高精尖创新中心与北京通州区合作的成果。智能学伴系统的关键组成部分是一个 AI 驱动的平台，使学生能够通过手机与人类导师联系。该平台使用的 AI 有点像一个约会应用程序——只是它匹配学生和导师主要根据学生的查询和导师的专业领域、导师的在线情况以及他们已辅导学生的评分情况。学生使用该应用程序搜索导师，询问他们想了解的任何学习主题，然后他们就可以获得 20 分钟的一对一在线教学（只共享音频和屏幕）。

还有哪些
可能？

　　到目前为止，我们讨论的大部分 AIED 都是将 AI 技术应用于主流学习方法，并且倾向于反映（或自动化）现有的教育假设和实践。此外，尽管我们看到了一些明显的例外，但许多 AIED 的设计（无论有意与否）都是为了取代教师，或将教师弱化为功能性角色[369]，而不是帮助他们更有效地教学。这种方法虽然在教师稀少的情况下可能有用，但显然低估了教师的独特技能和经验，也低估了学习者对社会学习和指导的需求。然而，可以想象的是，AI 不是仅仅让学生坐在电脑前进行自动教学，而是会帮助教学和学习打开无限可能并予以实现，挑战现有的教学方法，或帮助教师更有效率。在这里，我们将推测一些未来可能出现的技术，其中一些我们已经在 AIED 工具一节中进行了预示，而另一些既新颖又复杂，并且所有这些都提出了有趣的社会问题。我们将从 AI 支持协作学习开始，随后探讨 AI 驱动的学生论坛监控，

AI 支持的持续评估，为学生提供 AI 学习伙伴，为教师提供 AI
助教，最后以 AI 作为进一步研究学习科学的工具（也就是说，
为了帮助我们更好地理解学习）。[370]

协作学习

协作学习（collaborative learning），是指学生们一起解决问
题。众所周知，协作学习能够促进更佳的学习结果，但学习者之
间的有效协作可能很难实现。[371]AIED 则提供了多种可能性。首先，
AIED 工具可以针对特定协作任务自动推荐最适合的学生组，利用
并建立学习者模型之间的智能连接（其中包括学生以前的学习经历
和成就，学生在其他课堂学习的内容，他们的性格等等）。[372] 根
据教师的需求，该工具也可以形成混合型或同类型学生组建议，
或为特定学生有机会发挥领导作用进行编组，或为避免人格、性
格冲突编组，等等。同时，它还能帮助老师快速、轻松地替换任
意的建议工具（下一次推荐中，AI 将从这些建议中学习）。AIED
工具还可以扮演专家联络员或主持人的角色，监督学生的协作活
动，识别学生在理解共享概念时遇到的困难，然后提供有针对性
的支持。或者，AIED 也可能会使用虚拟代理，积极地参与小组
讨论（充当一个虚拟学伴或教学代理），或者建立动态连接（或
者是同一教室里其他小组的讨论内容，或者是从语义网中提取
的相关材料）。事实上，一些支持协作学习的 AI 研究工作已经开

始 [373]，但在真实课堂内运用之前，还有许多技术问题需要克服。

学生论坛监控

各年龄段学生都在参与在线教育，人数不断增长，因此也常会用到论坛。学生可能会在论坛上发布任务、参与合作学习，或者可能想要联系导师澄清课程要求或询问课程材料。因此，特别是当有大量的学生（典型的如远程大学和 MOOCs）时，这些在线论坛可以生成大量的帖子，所有这些帖子都必须被监控、管理和处理。然而，随着论坛帖子数量的不断增加，导师人工回答，充其量是对导师时间的低效利用（处理重复的和次要的操作问题）；在最坏的情况下，帖子数量不断增加，成为一项越来越不可能完成的任务。人工回答也让提问学生很难跟上其他帖子的更新，这些帖子中很可能有与他们兴趣相关的。

AIED 则可以在以下几个方面提供帮助（同样，该领域已经有了一些研究）[374]，特别是帮助老师／导师更好地支持学生方面。首先，AIED 工具可以对论坛帖子进行分类，识别那些可以自动处理的帖子（也许是关于课程日期的操作问题，比如"我什么时候需要提交……？"），找出那些需要人类导师回答的问题（如讨论比较深入的核心议题）。AIED 能够处理的简单帖子会立即进行自动回复，减轻人类导师的大量重复性工作，同时让学生能够快速进入更实质性的工作。其他帖子则自动提交给人类导师，确保学生得到高质量的、适当的回复，无论他们的帖子是什么性质的。

其次，要求更高的帖子（数量可能还有很多）还需要进行深入的分析，目的是查明和汇集类似的帖子或引发重复问题的帖子（在一门有 1000 名学生的课程中，不太可能需要某一项课程活动作出 1000 多个独特的回答，而可能只需要对密切相关的帖子作出数量少得多的统一回答）。然后，人类导师会对数量少得多的聚类帖子写一个回复，这些帖子又会发给所有的原始发帖人。虽然这些回答不太可能像单独回复一样贴切，但这显然比没有任何回复要好 —— 在大型在线课程中，这种情况会经常出现。另一种可能在学生论坛上有所帮助的方法是，AIED 可以解释帖子之间的动态联系，并在出现特定问题时通知导师（例如，已知和未知的误解），让导师来处理，或者告诉学生他们可能感兴趣的其他帖子。

最后，AIED 也可以使用 AI 情绪分析技术来识别文章，找出学生发泄消极或非建设性情绪的帖子（也许某学生面临着过度的挑战，或者有可能停止课程学习，或者可能患有精神健康问题），不可公开发表的帖子（也许是因为帖子包含种族主义、反对女性或毫无理由的攻击性言论），或者主题偏移的帖子（帖子有偏离论坛设立初衷的倾向）。任何此类帖子（由于帖子的总数庞大，人类很容易错过）都会提交给人类导师，这样导师就可以快速、恰当、有效地作出回应（也许通过打电话给学生进行处理，而不仅仅依靠数字干预）。总之，这些不同的技术也可以让导师更好地了解学生的意见、集体性忧虑，或者论坛中反复出现的主题。

持续评估

心理学家和教育学家都知道，根据单一的考试成绩作决定是错误的，这些决定应该反映出对每个孩子平衡、全面的理解。数字和分数可能非常具有误导性，因此我们需要同时使用定性和定量的方法，考虑整体情况。[375]

尽管几乎没有证据表明考试的有效性、可靠性或准确性，但高风险考试是世界各地教育体系的核心。[376] 究其原因，也许是因为这是教育界的长期惯例，也许是因为考试对学生进行了有效的排名，也许是因为没有设计出实用的、成本低、效益高的替代方案，也许是因为运行该系统的人通常都是考试中最成功的人（没有情感共鸣，忽视了改变的需求）。不管原因是什么，随着高风险考试的到来，中小学和大学往往以应试教育告终，把常规的认知技能和知识获取置于深入理解和真实应用之上。换句话说，考试，而不是学生或更广泛的社会需要，决定了教什么和学什么。与此同时，具有讽刺意味的是，AI 技术正在将考试中主要评估的知识类型学习自动化："人类智能中有很多因素是无法自动化的，但我们倾向于重视的一点，即与学术考试的成功有关的智能，恰恰是我们能够自动化的一点。"[377] 在任何情况下，中断性考试

（stop-and-test examinations，标准化的，学习时间表中不设置明确的测试点，可能会打断学习）不能严格评估学生对所学知识的理解。充其量它们只能提供学生在课程期间学习状况的片段快照。最后但并非最不重要的是，有时所有年龄段的学生都会感到严重的考试焦虑，通常在课程结束后开展的三小时考试中，焦虑容易对学生的考试成功产生负面影响（进一步模糊了考试的准确性和可信度）。

尽管如此，在这一领域的大多数 AIED 研究一直缺乏雄心壮志。它的重点是改进现有的考试制度（开发 AI 驱动的技术验证在线考试学生的身份）[378]，而不是挑战基本原则。然而，正如我们所看到的，典型的 ITS 和其他 AIED 工具已经在不断地监控学生的学习进度，以提供针对性的反馈，并评估学生是否掌握了相关主题。类似的信息可以通过旨在支持协作学习的 AIED 工具获取，而智能论文评估工具也可以对学生的理解作出推断。在学校教育环境中，所有这些信息都可以在学生整个学习过程中进行收集（长期以来，学习科学始终理解学生参与建设性评估活动的价值），同时也可以收集更多的信息，如学生参加校外学习（比如学习一种乐器，或一门手艺，或其他技能）和非正式学习（例如通过经验或积极参与来学习语言或文化）的信息，以帮助创建学习者的整体画像。换句话说，AI 驱动的评估将在后台进行，所有时间都在进行，这使得学生几乎不可能作弊或破坏系统的评价（当富裕的学生聘请私人导师时，情况可能也是如此）[379]，也不可能为了取得足够好的分数，尽可能多地参加考试。

然后，这些关于学生个体的更详细、更细微的信息，可能会在一个 AI 驱动的电子档案中表示出来（也许还会以动态图形的形式显示出来）[380]，形成一个智能化个人简历（事实上，这是一个扩展的开放学习者模型）。

这种电子档案或许可以像比特币（Bitcoin）等虚拟货币一样，由区块链技术（blockchain technologies）[381] 承保和认证（比特币本质上是开放的、分布式的账本，由互联网上数百万台计算机同时托管，并使用密码学进行连接，以一种可验证的、无法修改的和可访问的方式共享数据）。这样，学生所有的学习经历和成就有一个可靠的、经认证的、深入的记录，这比收集证书要详细和有用得多。在申请另一门课程或新工作时，他们可能会分享部分或所有的智能简历，同时保留对自己学术形象和数据的完全控制。从学习者的角度来看，一个额外的好处是，持续的评估可以作为一个移动平均线，一个像流体一样的减震器，可以抵消偶发的坏日子和不利的个人状况带来的影响（这意味着一个年轻人的学业成绩和未来的生活不会仅仅由家庭的困境决定，而这些困难恰好在一个重要考试当天发生）。

简而言之，尽管持续监测学生行为和成绩，提出了重要而深远的道德问题，这些问题必须首先得到适当的调查和处理，但可以想象，中断性考试可能很快就会完全从我们的教育系统中消失，成为更原始的过去。

AI 学伴

我们刚刚提出的智能简历也可以在更大的 AIED 领域发挥作用：AI 驱动的终身学习伙伴。[382] 正如我们所看到的，每个学生都想要拥有自己的个性化导师，这是激发其发展的第一动力，但将其归结为逻辑上的结论又如何呢？ AI 有潜力为每个学生提供属于自己的个性化学习伙伴，有时它作为一个学习伙伴，有时作为一个向导，让学生利用好大量的学习机会；有时作为一个教练，在区块链中不断记录学生的兴趣和进步，形成智能简历。Siri、Cortana、Google Home 和 Alexa 的出现和迅速发展表明，这种技术已经非常接近实现的可能。[383] 在许多国家，拥有非凡处理能力和能够随时上网的智能手机已经非常普及了。利用这些功能，创建一个由 AI 驱动的智能手机学习伙伴，从幼儿园到老年的整个学习过程中陪伴和支持个别学习者。总之，AI 学伴已经具备了技术基础，不需要大的技术创新就能够实现。

这样的学习伙伴为教育带来了很多可能性。一旦学生决定了一个特别感兴趣的论题，AI 学伴可能会提供一些教学活动，监控学生的进度，提醒他们何时需要完成任务，并提供有针对性的反馈和指导——所有这些功能都在学生语音驱动的智能手机上实现（并可在所有其他设备上使用）。换句话说，它的功能就像我们所说的 ITS+。

AI 学伴也可以在更高、更有战略意义的层面上运作。基于学生的个人兴趣和生活目标，它也可以帮助学生们决定学习什么，以及在哪里学习、如何学习（AI 学伴可以识别并链接到正式和非正式的学习机会，包括在线或离线的可用资源）。然后，它还可以引导学生找到自己总体的长期个性化学习路径，帮助学生明确不断清晰的个人生活目标，连接他们的学习兴趣和成就，同时提醒他们，鼓励反思和发展长期学习目标。学习伙伴[384]，也可能会建议学习一些 21 世纪技能（21st Century Skills）[385]，以及社交与情感学习。[386] 它还可以根据学习者的共同兴趣和目标，潜在地把不同的学习者们联系起来，让他们在同一教室或世界的不同角落共同学习，帮助他们在同一个学习项目中协作开发和合作，学习评价兼顾个人和集体的成就（反过来，帮助发展其他关键的合作技能、合作意识和跨文化意识）。

AI 助教

我们已经多次指出，大多数 AIED 技术的设计目的都是为了减轻教师繁重的教学工作（最常见的是让耗时的活动实现自动化，如批改课堂测验或家庭作业）。然而，尽管有这些最好的初衷，许多 AIED 技术实际上接管了教学（它们比老师更能提供个性化和适应性的学习活动），或者至少是弱化了教师的作用（也许是让他们的工作必须严格依照规范步骤，或者只需要确保技术准备充分让学生使用）。尽管如此，正如我和同事之前所写的那样：至关重要的是，我们看不到未来 AIED 取代教师的可能。我们所看到的未来，教师的角色不断演变，并最终得到彻底转变；他们的时间得到了更有效、更高效的利用，他们的专业得到了更好的规划、利用和拓展。[387]

这可能更多的是一种情感上的请求，而不是一个连贯的论点——但它的前提，假定了教学包含的不仅仅是传授知识，而且是一个基本的社会过程。从这个角度来看，AI 的一个关键角色是支持教师教学、支持学生学习。

实现这一目标的方法之一是，通过 AI 助教（AI teaching assistant）提升教师的专业知识和技能，让学生与 AI 学习伙伴共同学习和合作。在如此多的教育技术中，教师白板的功能则多少显得有些原始，但相比之下，AI 技术则远远超出了有用的范畴。这将是 AIED 支持教师、支持学生的一个关键途径。短篇小说《人工智能——教室里的新助教》（*A.I. is the New T.A in the Classroom*）[388] 探索了这种可能性，该书描述了未来可能出现的教室形态，老师能够得到一个专业化和个性化人工智能助教（AITA）的支持。

我们提出的许多设想都可能会在上述情况下发挥作用（例如自动建立学生的协作分组，用 AI 支持的持续评估取代中断性考试，管理同伴标记并进行一些自动标记）。AITA 还能自动提供教学和专业发展资源（文本、图像、视频、增强现实动画、链接、网络连接），供教师选择学习以支持自己的教学。AITA 还可以监控学生在课堂活动中的表现，不断更新他们的学习模型，与所教主题的领域模型建立联系，并随着时间的推移跟踪进度。所有这些信息（以及来自其他来源的每个学生的数据：来自其他班级的评估、课外学习成绩、相关的医疗或家庭信息）都可以随时提供给老师，只要 AITA 计算出它可能是有用的，或老师要求它。在这个可能的未来中，教什么、如何教以及如何最好地支持学生，仍然是教师的责任和特权。AI 助教的作用很简单，就是让老师的工作更容易、更有效。

作为进一步研究学习科学工具的 AIED

正如我们已经注意到的，AIED 未来的每一个可能用途都牢牢地扎根于现有的 AIED 研究和方法基础之上。最后一个案例也是如此，使用 AIED 作为进一步研究学习科学的工具。用任何技术开展教育实践都意味着实践必须被更好地理解，然后进行系统化。因此，这项技术就像一个虚拟聚光灯，凸显了存在多年但一直隐藏或被忽视的问题（例如，围绕最有效的教学方法）。AI 在教育领域的引入尤其如此，它正开始将许多学习科学问题带到异常明亮的聚光灯下。然而，尽管 AIED 研究领域已经有了显著的进展，但大多数依然处于相对理论化的水平，因此研究结果的潜力和意义仍然有些模糊不清。

事实上，AIED 作为一种学习科学研究工具，经常与其他两个独立但相互重叠的学术领域联系在一起，这些学术领域主要使用大数据研究得出的统计技术[389]：学习分析和教育数据挖掘。[390]学习分析包括"测量、收集、分析和报告关于学习者及其背景的数据，用于理解并优化学习及其发生的环境"；[391]教育数据挖掘[392]"主要关注收集和分析数据，以了解、支持和提高学生的学习"。[393]开放大学的OU分析（The Open University's OU Analyse）[394]工具就是一个案例，它避免了这种区分，而且已经证明是有效的。它利用全校的数据（如学生在线学习资料的获取、提交的评估报告和学习成果）来确定哪些学生可能有辍学的风险，从而使导师和学生支持人员能够提供适当的主动补救措施。事实上，随着各个领域的不断交流和相互促进，学习分析、教育数据挖掘和作为学习科学研究工具的AIED之间的区别正变得越来越模糊。通常，这些区别仅仅归结于参与研究的学术共同体和他们使用的术语。在这里，当我们在写AIED时，我们将继续使用AIED术语。

最近，剑桥大学（University of Cambridge）医学研究理事会认知和脑科学部门发布了一个突出的例子，说明AIED是一种学习科学研究工具。[395]长期以来，当教育工作者试图改善个体的学习成果时，通常将学习困难的学生归结为宽泛的种类，如多动症（ADHD）、阅读障碍和自闭症，学界一直认为这种做法无法提供足够的帮助。出于这一原因，剑桥大学的研究人员正在研究如何使用机器学习以更细粒度的方式对学习有困难（以前没有被如此清晰地描述过）的学生进行分类：工作记忆技能的困难、单词发声的困难、多领域的广泛认知困难，以及该学生年龄的典型认知测试结果。研究人员发现，与传统的诊断标签相比，用这四种分类来诊断学习困难的学习者，不仅更准确，而且更有用，有助于教育工作者解决学生个体的学习困难。

我们将用最后一个例子来结束我们对 AIED 作为学习科学研究工具的简短讨论，这个案例还处于早期阶段，但具有重要的潜力：利用机器学习改进学习设计。学习设计涉及一系列方法"使教师 / 教学设计师在设计学习活动和干预措施时能作出更明智的决定"。[396] 这些方法旨在为有关教学法（教与学）和支持学生学习体验的方法提供决策信息，也可用于为学习分析或教育数据挖掘提供核心数据。大多数方法在大学中使用[397]，需要利用教师的专业教学知识（知识往往是隐性的，因此必须从专业教学知识中获得，这是一项重要的任务，否则将可能导致模糊性和不一致性）。相反，开放大学目前现行的研究方法涉及从数千个现有模块活动中进行机器学习，以在高精细粒度的级别上识别活动的类别。一旦确定了这些学习设计活动类别，并通过了可靠性验证，就应该能够将课程模块的实际学习设计与学生的学习结果联系起来，从而帮助我们更好地理解学生的学习方式。反过来，这可能会告诉教师和学习设计师，哪些学习设计（领域、特定的主题、持续时间和学习水平等）在实践中是最有效的。

教育AI：
初步总结

在上文中，我们讨论了各种各样既有的和潜在的 AIED 技术，将这些技术进行分类的一个方法是，考虑分为学生教学型（主要采取教导式路径）、学生支持型（主要采取建构式路径），还是教师支持型（主要帮助教师以更高效、更省力的方式做他们已经在做的事情）。下表是对此分类的概要呈现。粗略看一眼会发现该表只是对该分类提供了一个高度宏观的概览，而许多 AIED 方案之间是有重合的，且其中大多数的技术其实很容易归到表格中的另一栏。而且可能的是，随着时间推移，不同的 AIED 技术将进行融合，形成具备多种功能的系统，比如说同一种技术或许会结合序列学习（ITS）、苏格拉底式学习（DBTS）和自导学习（ELE）方案。[398]

学生教学型、学生支持型和教师支持型 AIED

	学生教学型 （主要是教导式）	学生支持型 （主要是建构式）	教师支持型
AIED 应用 程序	• ITS • DBTS • 语言学习应用	• ELEs • 自动写作评估（形成性） • 学习网络组建工具 • 语言学习应用 • AI 协作学习 • AI 连续评估 • AI 学习同伴	• ITS+ • 自动写作评估（终结性） • 学生论坛监测 • AI 教学助理 • AI 作为推动学习科学 　发展的研究工具
AIED 技术和 途径	• 聊天机器人 • AR 和 VR • 自然语言处理 • 自适应性		

下表"AIED 技术的特点"在上述概览框架中加入了更多的具体内容。

AIED 技术的特点

AIED 类型	特　点	主导方	目　标
智能辅导 系统	• 循序渐进的指导和任务序列 • 个性化的路径 • 系统确定的内容和路径 • 通过学生使用电脑（或移动设备）进行 • 个性化的反馈 • 实时自适应性	系统	针对学生

（续　表）

AIED 类型	特　点	主导方	目　标
基于对话的辅导系统	• 循序渐进的基于对话的指导和任务 • 个性化的谈话 • 系统确定的内容和路径 • 通过学生使用电脑（或移动设备）进行 • 个性化的反馈 • 实时自适应性	系统	针对学生
探索性学习环境	• 探索性任务 • 个性化路径 • 系统确定的内容和路径，学生选择包含于任务中 • 通过学生使用电脑（或移动设备）进行 • 个性化的反馈 • 实时自适应性	系统和学习者	针对学生
自动反馈和写作评分	• 系统上传和分析写作（和其他任务） • 一些系统提供个性化的形成性反馈（帮助学生改善他们的写作），一些则只提供终结性评价（写作评分／评级）	系统	针对学生（形成性） 针对老师（终结性）
ITS+	• 依赖于 ITS +（技术） • 环绕整个学校的 ITS • 学生数据对于教师可见，该数据通过增强现实眼镜呈现于每个学生之上 • 向其他教育技术提供者提供后端 ITS 功能（AIED 作为一种服务）	n/a	针对学生以及教师
语言学习应用	• 循序渐进的指导和任务序列 • 系统确定的内容和路径 • 通过学生使用电脑（或移动设备）进行 • 个性化的反馈	系统	针对学生

（续　表）

AIED 类型	特　点	主导方	目　标
聊天 机器人	• 主要是提供信息	学生（也 就是说， 机器人回 应学生的 问题）	针对学生
增强和 虚拟现实	• 主要是提供特殊环境的进入通道（否则将无 法进入）	混合主导	针对学生
学习网络 编配程序	• 主要是提供某些学习机会的使用通道	混合主导 （也就是 说，有时 响应学生 的请求）	针对学生
协作性 学习	• 促进协作性学习的组织工作 • 促进协作性学习	系统	针对学生
学生论坛 监测	• 针对论坛发言提供自动反馈，比如将论坛发 言和情绪分析联系起来	n/a	针对学生 以及教师
持续评估	• 持续地评估学生能力（例如，在学生谈话期 间），而非使用测试或考试	系统	针对学生
AI学习 同伴	• 可能是学生的终身学习同伴	学生和 系统	针对学生
AI教学 助手	• 可能是教师的 AI 助手	教师和 系统	针对老师

最后，我们可以基于本书"背景"部分讨论的 SAMR 模型

比较所有的 AIED 技术，这能帮助我们清晰地看到在增强和修改当前的一些活动方面，AIED 的近期和中期优势，而从长远来看，AIED 的重新定义则可能会带来巨大的圣杯效益。

AIED 与 SAMR 模型比较

	总体上的教育技术 （基于SAMR模型）	AIED的特性
重新 定义	技术允许创造新的、以前难以想象的任务。	• AI 消除了定期停下开展测试的需要（即通过提供持续的、高自适应性的评估）
修　改	技术使得重大任务重新设计成为可能。	• AR 和 VR 学习经历 • AI 学习同伴 • AI 教学助手 • AI 作为学习科学研究工具
增　强	技术作为直接的工具替代品，且功能得以改进。	• ITS • DBTS • 探索性学习环境 • 自动写作评估 • ITS + • 语言学习 • 聊天机器人 • 协作性学习支持 • 学生论坛监测
替　代	技术作为直接的工具替代品，但没有功能变化。	不适用（截至本文撰写时）

教育AI的
社会影响

　　正如我们所看到的，AI 在教育领域中的应用正在迅速得到发展。在本书中，我们探讨了已投入应用的各种 AI 技术，已经开发了近 50 年的应用程序，以及那些愈发可能成为现实的未来可能（无论我们的个人价值观如何）。

　　很明显，AIED 取得了一些显著成果，而可以想象的应用程序至少应该是有趣的。然而，AIED 对学生、教师和社会主流的潜在影响尚未厘清。毋庸置疑，当前存在大量问题，诸如精确性、选择性、预测性、隐私权、教师工作，以及在学校和大学应该教给学生什么。[399] 但是因为 AIED 而催生的道德问题尤其模糊："针对教育 AI 所引发的具体道德问题，全球各国几乎没有开展相应研究，也没有提供任何指导方针，更没有制定任何政策和法规加以应对。"[400]

　　无论如何，人们急切地想知道如果 AIED 如此有效，为什么还没有被中小学、大学和培训公司广泛采用。事实上，目前尚不清楚在教育中引入 AI 技术能否担此重任。多年来，教育中使用的非 AI 技术已经备受诟病，问题在于 AIED 是否注定成为过分炒作，却在课堂上未能得到充分利用的最新计算机技术？[401, 402] 另外，我们还应当未雨绸缪，如果无效的 AI 技术（或者有偏差的数据集）被应用于课堂（例如，如果人像识别技术为英国大都会警察局[403] 提供了 95% 的错误数据，却依然运用于课堂监控，可能会发生什么情况？），会发生什么？会给学生带来怎样的影响？同时，很少有累积性或可复制的 AIED 研究案例：该领域飞速发展，而 AIED 数据集和算法往往倾向于（猜疑的？）谨慎。也几乎没有可靠的证据证明，数量上迅速增加的 AIED 工具均非常有效。即使 Mathia 和 Assistments 有一定的证据，也经常拿来和常规业务进行比较，而不是与另一种至少具有某种程度可比性的技术进行比较。[404] 许多其他工具声称其有效性多数源于它们在课堂上体现出来的新鲜感[405]，而不是与所采用的 AI 相关——简而言之，我们就是没有证据可以发表这样或那样的意见。

AIED 技术对课堂的启示

我们的 AIED 旅程始于智能辅导系统（ITS），正如我们看到的那样，这是最常见的 AIED 应用程序，并且我们现在将其用于构建和强调 AI 应用于教育的一些社会影响，这些影响值得更密切的关注。人们早已意识到 AI 通过设计放大了初始数据的隐藏特征，并有效地强化了它的基本假设。特别是，如果算法"在存在人类偏见的数据基础上进行训练，算法理所应当会学习这种偏见，并且可能会将其放大。这是一个十分严重的问题，如果人们已经假设算法本身是公正中立的，那么问题会尤为严重"[406]。就这一点来说，基于规则和机器学习的 ITS 都没有任何区别。它们的设计、运用的逐步讲授式的教学方法，都聚焦于知识课程，而忽略了环境和社会因素；这些做法，对于哪些教学方法有效，甚至什么是学习，都放大了现有的但依然存在争议的假设。[407]

ITS 也体现了一个通常未被承认的悖论，即个性化学习方法依赖于识别什么是普遍的或者说是一般程度的学习方法。

> （ITS）根据系统中其他学习者的表现向用户推荐课程，这些系统通过预设学生之间的相似性来"了解"每个学生个体……如果（效用研究表明）它对大多学生起作用，这就代表我们的干预是成功的，却忽略了为什么它对某些学生的效用比其他学生更明显，以及这种差异到底有多大。（总而言之），学习个体面对的不同学习困难很容易在议论中被忽视。[408]

换言之，聚焦大多数学生以确定合适的干预措施存在不可避免的限制性：如果有明确的研究表明，相比起第一种方法，另一种方法对大多学生更有效，那第一种方法就很有可能被完全推翻，完全不顾它是否对特定的个体或团体更有效。

ITS 通过教学设计还可能降低学生的能动性，虽然受到课程（由地方或者国家政策制定者决定）限制，但是通常是 ITS（其算法和学习者模型），或者从更高层次上来说，ITS 的设计者决定应该学习什么，以什么样的顺序开展学习以及如何学习；学生几乎没有选择权，只能遵循 ITS 决定的个体学习路径（从某种意义上，也让教师显得有些多余——决定学生学习什么内容的是系统而非教师）。例如，大多数 ITS 从基础开始，然后引导学生逐步完成学习任务，并在此过程中最大限度地减少失败。无论在直观上具有多大的吸引力，这种授受主义方法 [409] 所呈现的假设也忽略了学习科学研究的其他方法的价值（如合作学习、有指导的发现学习、混合式学习和有效失败）。[410]

ITS 还出现了以数据选择为中心的问题，特别是围绕信任存在的复杂性问题。[411] 例如，有人认为没有所谓的原始数据 [412]：任何分析中使用的数据都是预先选定的（不可能包括系统在其计算中生成的所有数据），这些选择不可避免地为有意识或无意识的、明确的或隐含的选择性偏差所影响。[413] 同样，选择或开发的算法也会引发新的问题，例如关注预测的准确性及其影响（如果计算不准确，学生是否会被引导远离其最大利益？如何尽可能确保错误造成的危害最小？），越来越关注对学生情感状态的推断与回应（学生内心最深处的感受变得不再私人吗？），[414] 以及通常专注于传授最容易实现自动化的知识，从长远来看，对学生而言是最不实用的。[415]

无论如何，正如我们前面所讨论的，ITS 在实际教育环境中的效用仍有待证实（尽管许多已经证明与传统课堂教学相比具备更广泛的有效性）。[416] 实际上，Summit Learning[417] 这个由脸书工程师开发的 ITS，已在大约 400 所学校投入使用，却一直以来都是学生抗议和抵制的焦点。

> 不幸的是，我们使用该程序的体验并不是那么愉快，这需要数小时的课堂时间让学生坐在电脑前……作业十分无聊，并且评估环节很容易通过，甚至可以轻易作弊。学生觉得他们并没有学习到什么东西，该程序也没有帮助他们准备纽约州高中毕业会考。最关键的是，整个程序淘汰了大部分的人际交往、教师支持，无法促进同伴讨论与辩论进而影响我们提高批判性思维。与其在宣传广告中的声明不同，我们的学生发现学到的东西很少，甚至一无所获。这严重损害了我们的教育，这就是为何我们会走出去抗议的原因。[418]

最后，ITS 对自身功能有了新的认定，认为它们应当至少能完成教师的一部分工作，并且不断提高其有效性，从而能够挑战未来课堂中的教师角色。[419] 正如我们所看到的，许多研究人员的野心所在就是减轻教师教学负担（如进度监控和作业批改），让他们能够专注于教学的人文层次（如社会参与）。事实上，"AI

无法实现创造、概念化或者复杂的战略规划；无法完成需要精确的眼手协调的复杂工作；难以应对未知和非结构化的空间，特别是那些还未观察到的空间；与人类不同，不能在产生共情的基础上实现交际互动……而这些任务只能由人类教师来完成。因此，未来对人类教学依然保有巨大的需求"[420]。但是从另一角度来说，如果我们（学生、教育者和家长）不能带着批判性态度积极参与，也许 AIED 催生的将是快餐厨师式的或纯粹依赖技术的课堂管理人员[421]，而不是教师，AI 则将承担教学中所有的认知需求（这样一个反乌托邦式的情境，距离把人类从教学中完全剥离出来仅有一步之遥）。

自然而然地，有许多 ITS 案例至少对以上问题发起了一定的挑战（例如 Mathia，开发者建议将其应用于混合环境）。我们还关注了一些替代方案，例如 DBTS（优先考虑苏格拉底式的循序渐进引导方法，而不是讲授型的方法）和 AI 驱动的 ELE（优先考虑有指导的发现学习方法）。并且我们也考虑了以创新的方式使用 AI 的替代方案，这些方式有可能会超越主流的教育实践：例如，相对简单的 AI 让学生能够建立起与人类导师之间的联系（以获取他们想要学习的内容的相关支持），而复杂的 AI 则能够根据学生需求提供终身的学习伴侣。然而，这些方案依旧依赖于大量的个人数据和有效算法，并且会引发尚未被充分考虑的隐私和道德问题。

AIED 的伦理道德

教育中 AI 的伦理道德问题虽然直到本书最后才得以提及，但是对其紧密关注却是毋庸忽视的。例如，一所学校——

> 已经安装了面部识别技术来监测学生在课堂上的注意力。学生的每一个动作……都被黑板上方的三个摄像头时刻监视……有些学生因为监控的加强，已经选择改变其行为方式……"安装摄像头之后，我不敢在课堂上分心。就像有一双神秘的眼睛一直在注视着我。"该系统通过识别学生不同的面部表情来运作，然后将这些信息输入计算机，用以评估学生是正在享受课堂，还是正任凭其思维随意游荡……计算机将会挑选七种不同的情绪，包括中立、开心、悲伤、失望、愤怒、害怕和惊讶。一旦计算机形成了学生在课堂上分心的结论，就会立刻发送通知给教师以采取行动。[422]

这个用于最大限度提高学生注意力的 AI 案例发生在中国。然而，在我们将其视作一个特定文化现象而不予理会之时，应该知道 ALT 学校也采用 AI 驱动的教师摄像头来监控学生行为（而在英国，"成千上万名年仅五岁的学生正面临被网络摄像头监视的风险……，往往学生或家长对此一无所知"）。[423] 这并不是说使用 AI 分析课堂视频录像一定是不符合伦理道德的。例如，匹斯堡大学的研究人员正使用 AI 和课堂视频来帮助更好地理解课堂对话的质量、讨论的生动性以及学生参与程度，分析这些要素如何有助于有效学习，如何推动更好地探索教学方法。[424]

另一方面，一些 AI 公司 [425] 收集了大量的学生交互数据，以使用机器学习技术来"搜寻规律"。其目的自然是"通过训练软件定位什么时候学生快乐、无聊或积极参与，从而改善学生的学习"。[426] 尽管如此，这种方法依旧存在争议，这样的数据收集特点是"边缘型心理健康评估……，鼓励人们形成一种新的观念，即把学生看作是需要治疗的潜在患者"。[427]

现实是，针对 AI 技术在课堂中的研究以及在会议上的讨论都在不断拓展和深化，但是其道德伦理后果却很少被谈及（至少，公开发表的作品中考虑到道德后果的十分罕见）。事实上，大多 AIED 的研究、开发和部署工作都陷入了道德真空状态。（例如，如果孩子在不知情的情况下遭遇了一系列存在偏见的算法，对他们在学校的学习过程产生了负面且不正确的影响，那我们该如何应对？）特别是，AIED 的研究人员的研究并没有任何已经完全成熟的伦理道德基础可以参照。

事实上，正如我们所见，AIED 技术引发了不言而喻却尚未得到解答的道德问题，这些问题数量未知。首先，与主流 AI 一样，人们担心那些为了支持 AIED 而收集的大量数据——尽管这些数据的收集都建立在良好意愿的基础之上（例如，记录学生的能力、情绪、策略、误解和屏幕使用情况[428]，是为了更好地帮助学生学习）。谁保存这些数据？谁又能够拥有访问权限？有些什么样的隐私问题？这些数据应当如何分析、解读和分享？如果出现任何问题，又应该由谁负责？在医疗保健领域，个人数据的使用存在争议并经常受到挑战[429]——但是这在教育领域尚未明显显现。

　　然而，虽然数据引发了人们对 AIED 领域的主要伦理道德问题的担忧，但是 AIED 伦理道德规范并不能简化为单纯的数据问题。其他的主要伦理问题包括 AI 算法（即如何分析数据）[430] 和 AIED 模型（假设某个领域的某些方面是值得学习的，假设什么教学法是最有效的，假设哪些学生信息是最为相关的？）中的潜在偏见问题[431]（有意识或无意识的）。另一方面，如果计算机的决策与人类的决策难以区分，或者至少与人类专家小组的决策无法区分（因为众所周知，人类有时会出现意见相左的情况，例如在批改作文的时候）[432]，或许应该将这些人类的决策纳入考虑。[433] 尽管如此，构建起算法与模型的每个决定都可能对学生个体的人类权利产生负面影响（在性别、年龄、种族、社会经济地位、收入不平等方面）——目前我们只是不知道这样的情况是否注定会发生。

　　但是，以数据和偏见为中心的这些特殊 AI 伦理问题是"已知的未知事物"，也是许多主流 AI 研究中探讨和讨论的主要关注问题。[434] 但是，我们"尚待发现的未知事物"呢？那些 AI

在教育领域中的应用所引发的伦理问题到目前为止是否还尚未确定？

AIED 的伦理问题包括（除了下列问题，还有许多尚待发现）：

- 伦理道德上可接受的 AIED 标准是什么？
- 学生目标、兴趣和情感的短暂性如何影响 AIED 的伦理？
- 私营组织（AIED 产品开发者）和公共机构（参与 AIED 研究的中小学和大学）的 AIED 道德义务是什么？
- 学校、学生和教师如何选择退出或者挑战其在大型数据库中的呈现方式？
- 无法轻易明晰 AIED 如何作出深度决策（运用多层神经网络）蕴含了什么伦理内涵？

降低风险也需要相应的策略，因为 AI 算法容易受到黑客攻击和操控（正如 Facebook-Cambridge Analytica 数据丑闻表明，这极有可能发生）："不可能有大规模的个人隐私及控制，所以关键在于数据的用途是否道德——并且道德准则被清楚认识。"[435] 当 AIED 干预意在改变行为（例如推动个人完成特定做法或行为）的时候，整个 AIED 强化的教学活动序列也需要在道德上得到担保。最后，重要的是要认识到面对 AIED 伦理道德问题的另一种观点：在任何情况下，不作为和创新失败的道德成本必须与 AIED 创新的潜力相制衡，才能实实在在造福学习者、教育者和教育机构。

简而言之，AIED 的道德规范十分复杂。

有一点可以确定的是，本书作者对 AI 为教学和学习提供了什么感到兴奋……但我们也始终保持谨慎。我们已经看到了许多 AIED 方法（从 Mathia、AutoTutor 和 Betty's Brain，到 Ada chatbot、OpenEssayist 和 Lumilo，等等）以及一些令人惊叹的 AIED 未来的可能性（从终止考试，到终身学习伙伴，以及 AI 助教）。然而，在 AI 成为日常学习中可接受的不可或缺的一部分之前，我们还是需要确定一系列待解决的关键问题。

更为重要的是，AIED 的道德规范亟待全面解决——这是一项非凡的任务，需要利益相关者（从学生到哲学家，从教师到政策制定者，从父母到开发人员）的广泛参与。我们（教师、政策制定者和学习科学家）需要了解数据收集引起的关键问题（例如选择要收集或忽视哪些数据，数据所有权和数据隐私等）。我们还需要学习正在被应用的算法（正在作出哪些决策？哪些偏见正在蔓延？如何确保决策的"正确与透明"？）。[436] 这些是不言而喻的，这就是为什么世界各地都采取了许多决定和管理 AI 伦理的相关举措。

但是，我们还需要彻底了解教育、教学和学习的道德伦理规范（特定方法、课程选择、关注平均数、可用资金分配以及其他种种的道德规范），这是另一个非凡的任务。如果不这样，我们如何知道这三个领域（数据、计算和教育）发生冲突可能会导致什么后果？

　　这让我们回归一开始的介绍，如果顺利的话，这也将是我们的中心思想。无论我们是否欢迎，AI 已然越来越多地被广泛用于教育和学习环境中。我们可以让他其他人——计算机科学家、AI 工程师[437] 和大型科技公司——决定教育中的 AI 应该如何展开，或者我们也可以开展富有成效的对话。我们每个人都有责任与义务来决定我们是否选择沉默，接受我们被给予的；或者我们应采取批判立场，以帮助确保将 AI 引入教育中能够充分发挥其潜力，并为所有人带来积极成果。

附录1

论题与概念之间的联系

设计课程时，确定课程的全部内容都聚焦于不同层次的相关知识领域（阈值）概念很重要。下表显示了化学论题样例与相关化学核心概念之间的联系。

论题及对应概念

样例论题 （章节标题）	与核心概念的联系
周期性规律	**原子 / 分子结构与性质**：源于原子结构的行和列中反复出现的趋势。 **静电与化学键相互作用**：亚原子粒子之间的（产生有效核电荷的）静电相互作用解释了大部分周期性规律。

（续　表）

样例论题 （章节标题）	与核心概念的联系
周期性规律	**能量（量子）**：电离能量的模式来自能级的量子化性质。核心电子屏蔽决定了价电子经历的有效核电荷，并由原子中量子化能级和相关结构之间的关系产生。 **化学系统的变化和稳定**：引力和斥力之间的平衡决定了原子的大小。
溶　液	**原子／分子结构与性质**：物质的溶解度取决于溶质和溶剂的分子水平结构。 **静电与化学键相互作用**：溶质和溶剂的相互作用部分决定了溶解度。 **能量（宏观）**：物质溶解时产生的温度变化取决于克服相互作用所需的能量和新交互形成时释放的能量。 **化学系统的变化和稳定**：物质的溶解度取决于物质溶解时产生的总的熵变。
阶段和阶段变化	**原子／分子结构与性质**：物质的熔／沸点取决于其分子水平结构。 **静电与化学键相互作用**：分子水平的相互作用类型与强度影响了熔／沸点。 **能量（宏观）**：与阶段变化相关的能量变化由相互作用的类型和强度决定。 **化学系统的变化和稳定**：阶段变化的温度取决于系统和环境及相应的熵变之间的能量转移。
动力学	**原子／分子结构与性质**：化学反应的速率取决于反应物质的结构和反应物在碰撞中正确定向的概率。反应的机制也取决于分子结构。 **静电与化学键相互作用**：化学反应的速率取决于反应物质之间的相互作用和物质中化学键的强度。 **能量（分子和宏观）**：化学反应的速率由碰撞的反应物分子的活化能（反过来由结构和相互作用决定）与动能决定。 **化学系统的变化和稳定**：动能研究化学变化是如何和为何产生的。正向和反向的竞争速率控制着反应的程度和达成平衡的时间。

（续　表）

样例论题 （章节标题）	与核心概念的联系
热化学	**原子/分子结构与性质**：在化学反应中，一些化学键和相互作用被打破了，同时形成了新的化学键和相互作用。 **静电与化学键相互作用**：化学键和相互作用的类型和强度取决于所涉及分子的结构和极性。 **能量（分子和宏观）**：化学反应中的能量变化是打破化学键与相互作用所需的能量，以及新的键和相互作用形成释放的能量之间的平衡。 **化学系统的变化和稳定**：化学反应发生与否取决于总的熵变，它可以通过考虑系统的焓变和熵变确定。

来源：*Cooper，Posey，and Underwood*

在上表中，某些核心概念自身就是潜在的科目，因为它们是组织内容的有效方式。这是在如此精细的层面上审视知识的结果；论题可以是概念和内容的混合。不过，这为从内容而非概念密集的课程元素中进行提取提供了重要的标准。

比如，你可以想象柠檬酸循环（Krebs cycle）作为细胞/分子生物学的一个论题，虽然它显然和其他概念相关，但它自身不是一个有用的概念。相比生态学中演替（Succession）这个论题，显然，演替虽然可能是教科书中某个章节的标题，但它自身是生态系统动态变化类型的一个重要概念（就像生态学中的阈值概念）。那么，柠檬酸循环自身不应被记忆，它应该用于学习其他的概念，而演替可以是生态学中丰富而独立的论题。

内容的演变

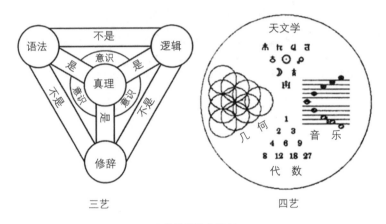

古典希腊教育框架

　　早期西方最具影响力的课程制定是三艺（Trivium）和四艺（Quadrivium）——作为中世纪古典希腊教育理论的复兴，它定义了大学教育的文科七艺：语法、逻辑、修辞、天文、几何、算术和音乐。

　　课程变化十分缓慢，一些科目逐渐成为选修科目（天文学、伦理学、拉丁语等），或在大学中另行教授（修辞学、演讲学作为"交流方式"）。美国中等教育的学科知识标准最初由十人委员会于1893年制定，委员会由哈佛大学校长埃利奥特（Charles Eliot）领导，全美教育协会（NEA）赞助。他召集了十个教育专家组成委员会，主要由大学校长和院长组成，要求他们确立所有公立中学的标准化课程要求。

十人委员会报告中的表 3

中学的第一学年		中学的第二学年	
拉丁语	5 学分	拉丁语	4 学分
英语文学 2 学分		希腊语	5 学分
写 作 2 学分 }	4 学分	英语文学 2 学分	
德 语（或法语）	5 学分	写 作 2 学分 }	4 学分
代 数	4 学分	德 语	4 学分
意大利、西班牙和法国历史	3 学分	法 语	5 学分
应用地理学（欧洲政治——大陆		代 数 2 学分	
和海洋动植）	4 学分	几 何*2 学分 }	4 学分
	25 学分	植物和动物学	4 学分
		英国历史（到 1688 年）	3 学分
			33 学分
		*可替换为记账和商业代数	

中学的第三学年		中学的第四学年	
拉丁语	4 学分	拉丁语	4 学分
希腊语	4 学分	希腊语	4 学分
英语文学 2 学分		英语文学 2 学分	
写 作 1 学分 }	4 学分	写 作 1 学分 }	4 学分
修 辞 1 学分		语 法 1 学分	
德 语	4 学分	得 语	4 学分
法 语	4 学分	法 语	4 学分
代 数 2 学分 }	4 学分	三角函数 }	2 学分
几 何* 2 学分		高级代数	
物 理	4 学分	代 学	4 学分
英国和美国历史	3 学分	历史（高级）和国内政治	3 学分
天象学，3 学分，上半年 }	3 学分	地质学或地文学，4 学分，上半年 }	4 学分
气象学，3 学分，下半年		解剖学、生理学和卫生学，4 学分，下半年	
	34 学分		33 学分
*可替换为记账和商业代数			

十人委员会在报告的表3（第41页）中列出了一所高中的课程范围。

[表3展示了会议建议所产生的总方案，仅在每周的安排上作了调整。从表3可以生成学生个体的课程表。相比委员会在表4中确定的课程，埃利奥特显然更推崇该方案。]

这些早期教育学科标准（除了希腊语、拉丁语和其他特定语言要求）仍然或多或少地在当下中等教育毕业要求中有所体现。

因此，世界上众多教育系统中传授的传统学科有：

- 语言（本国）
- 数学（算数、几何、代数）
- 科学（生物、化学、物理）
- 语言（外国）
- 社会研究（历史、地理、公民、经济等）
- 艺术（表演和视觉）
- 健康（常特指体育课）

以上学科，模式近似。当知识领域逐渐变成共识后，就会成为学科的一部分，但很少对学科进行重大的再设计。以数学为例，课程反映了斐波那契（Leonardo de Pisa）的不朽贡献。他在 1202 年写下《计算之书》（*Liber Abbaci*），帮助商人从使用罗马数字转换到使用印度-阿拉伯语系统的十进制，进而学习比率和比例、速率、线性方程等。

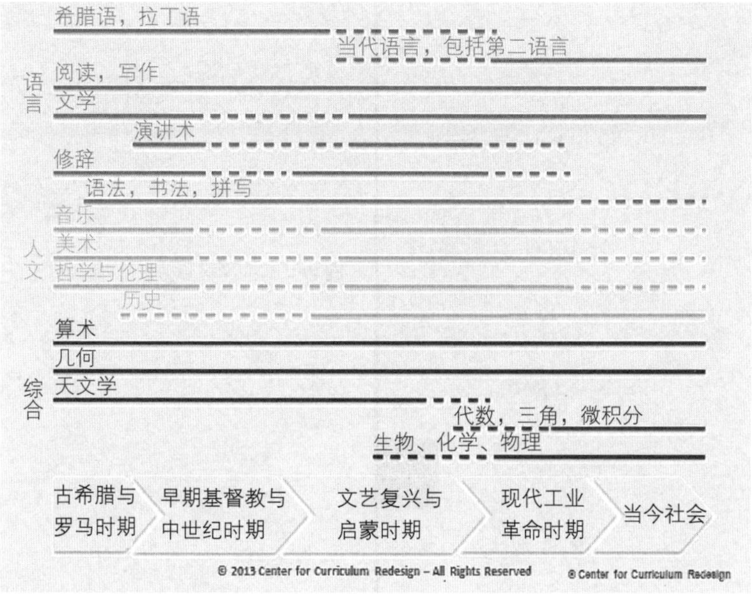

随着时间推移的内容演变
来源：CCR

显而易见，与 13 世纪商人息息相关的内容不再与 21 世纪的学生有关。人类的努力取得了长足进步，虽然三角函数和微积分被纳入课程，但更多的现代学科，如机器人学和创业，还未融入当前过度拥挤的课程系统。此外，标准化评估对语言和数学学科特别施加压力，导致进一步缩小了学校科目范围。在下图中，社会研究、科学、课间休息、艺术／音乐和体育的时间被严重压缩，为美国的英语语言艺术（ELA）和数学课程腾出空间。

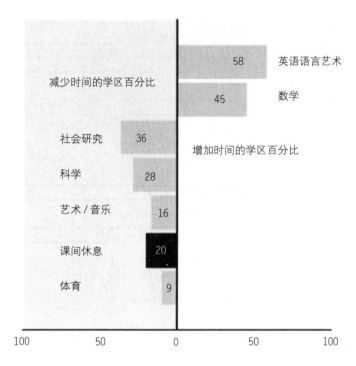

2001年以来，美国各地区各学科时间分配变化百分比
来源：Center for Public Education

交叉主题

环境素养

正如前面讨论的，人类正在快速接近或已经超过了地球的一些生态极限，为避免未来重大的环境危机或生态灾难，每个公民必须基本了解环境科学的原理和社会对人类长期可持续性的影响。

21 世纪技能联盟（The Partnership for 21st Century Skills）将环境素养界定为以下能力：

- 能展示对环境及影响环境的条件的理解与知识，尤其是涉及空气、气候、土地、粮食、能源、水和生态系统的条件。
- 能展示关于社会对自然界的影响的理解和知识（如人口增长、人口发展、资源消耗率等）。
- 能调查和分析环境议题，就有效的解决方案提出准确的结论。
- 能采取个体或集体行动来解决环境的挑战（如参与全球行动、设计方案来鼓励解决环境问题的行动）。

全球素养

我们的全球社区的联系正在变得更加紧密，仅从某个国家的角度来学习已经远远不够。为面向 21 世纪，每个学生现在必须从世界各种文化视角中学习每门学科。这意味着，例如，世界史应当包括世界各国的历史，数学课应讨论相关的东方（阿拉伯、印度和中国）数学家，而不仅仅是西方数学家，并且学生需要批判性地审视他们的文化偏见和视角，学会理解和接受其他观点。在整个课程中，学生应当学会在全球社会文化意义的背景下审视个体问题，形成国际意识以及对文化多样性的深刻认识。

公民素养

人类和教育系统存在于社会中，其与社会直接互动的主要方式是通过法律和政策。让学生感受到他们与社会相联系，他们有可能实现变革是很重要的。在未来几年，将会有许多议题需要公开讨论并在社会层面作出决定，因此，公民素养将变得愈发重要。为确保在学校学到的东西在必要时能迁移到这类对话中，明确强调法律、政策与课程内容的联系，以及社会即将面临的、需要知情参与的问题是很有帮助的。根据"21世纪技能联盟"，公民素养指：

- 通过了解如何保持知情并理解政府流程，有效参与公民生活；
- 在地方、州、国家和全球层面行使公民的权利与义务；
- 理解公民决策的地方性和全球性影响。

联盟也推荐了学习公民素养的一些资源。

信息素养

根据谷歌的 CEO 埃里克·施密特（Eric Schmidt）所言，我们现在每两天创造的信息相当于文明诞生到 2003 年的总和。科学论文的数量每年增长 7% 到 9%（复合增长率），相当于大约每十年科学产量增加一倍。

尽管很多人确实知道如何在网上搜索信息，但尚不明确的是，他们是否掌握了批判性地评估和综合内容所必需的更细致的推理技能，尤其是考虑到他们必须处理的令人生畏的信息量时。

21世纪信息素养工具（Twenty-First Century Information Literacy Tools，TILT），即"人民科学"（The People's Science）的一个项目，界定了现实世界中，与信息交互和应用信息的六种核心技能和敏感性。这些目标概述了负责任地组织、评估信息，并将大量信息转化为可用知识所必需的关键能力。

TILT界定的信息素养包括如下核心能力：

- 渐进地接受信息并对新证据持开放态度，维持动态倾向；
- 考虑社会文化视角在解释信息和新观点扩散中的作用；
- 承认知情辩论是走向复制、改进和最终达成共识的关键性的、细致入微的一步，形成对竞争性证据的舒适感；
- 评估信息传播周期中公共接入点的来源可信度；
- 形成明智的取向，确保明确特定的证据在更广泛的相关知识领域中的位置。

信息输出有着前所未有的速度增长，信息素养技能对所有学科领域的所有学生都越来越重要。

数字素养

如上所述，技术见识变得越来越重要。随着工具和技术的不断发展，学生必须学会使用各种新技术。随着技术创新开始整合到大部分潜在的职业中，大多数工作都需要技能的升级。学生学会胜任现有的技术工具将变得重要，这些工具包括网上搜索、文字加工、电子表格和社交媒体应用等，同时学生也要能适应新技术的学习。

所有这些主题都为教育者和学生提供了一种方式，使学习更具相关性，以现实世界为基础，变得更具激励性和行动导向。它们还为跨学科思维提供了基础，因为它们是教育工作者结合和匹配内容领域与素养的透镜。

系统思维

科学学科和社会系统正在融合复杂系统的观点（见下页图）。这要求范式转变，即从 20 世纪西方文化的机械主义和还原论模式转变为更为平衡的路径。分析通过隔离参数继续发挥关键作用，但这必须通过综合整合为一种整体的视角，这样每个部分都可以被视为整体，每个整体都是更大系统的一部分，它们之间的关系也能得到探讨。

根据教育理论家和认知科学家德里克·卡布瑞拉（Derek Cabrera）的观点，教育应鼓励学生考虑区别、系统、关系和视角（DSRP）。

（a）

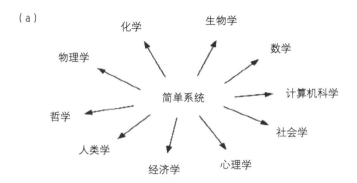

（b）

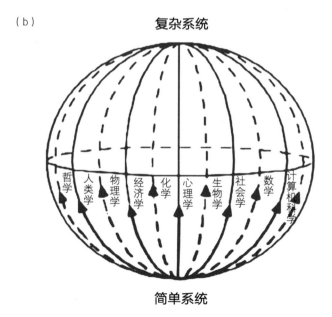

与学科相关的系统思维
来源：Bar-Yam, Y. Dynamics of Complex Systems

- 区别（Distinctions）：形成越来越复杂的观点和对象特性。
- 系统（Systems）：通过各种部分／整体的互动解构观念和重构新的集成概念。
- 关系（Relationships）：理解事物之间的联系。
- 视角（Perspectives）：从不同的看法理解事物。

通过考虑复杂系统的共同特性，学习者可以应用这种方法，从现代、系统的视角来看待更为传统的学科。

设计思维

正如我们所见，我们现在面临的 21 世纪挑战要求对许多社会机构进行反思和重新设计，这些机构包括教育、农业和能源使用、产品设计和制造、经济和政府。根据信息和通用技术的更多使用、全球连通性、能源和材料生态的可持续性、更长的寿命和更大的福祉，几乎所有的产品和服务都需要进行重新设计。除了产品和服务外，设计思维方式也是我们应对挑战所必需的。

明晰设计过程概念化的一种方式是通过四条重要原则：

- 人性规则（The human rule）：所有设计活动最终都是社会性的。
- 模糊性规则（The ambiguity rule）：设计思想家必须保留

模糊性。

- 再设计规则（The redesign rule）：所有设计都是再设计（错误是迭代改进过程的自然部分）。
- 有形性规则（The tangibility rule）：确保想法的有形性能促进沟通。

计算素养

在讨论如何最好地帮助学生为 21 世纪作好准备时，人们通常会关注日益普及的技术的角色，因此学生需要学习计算机科学技能。不过专家们一致认为，更为重要的不是掌握特定的编程语言或范式，而是内化掌握计算机科学涉及的思维类型。根据皇家学会（Royal Society）的说法，"计算思维是识别我们周围世界计算方面的过程，以及应用计算机科学的工具和技术，人工系统与过程进行理解和推理的过程"。在最近的一篇评论文章中，以下要素被定义为计算素养的核心：

- 抽象和模式概括（包括模型和模拟）；
- 系统信息加工；
- 符号系统和表征；
- 控制流的算法概念；
- 结构化问题分解（模块化）；
- 迭代、递归和并行思维；

- 条件逻辑；

- 效率和性能限制；

- 调试和系统错误检测。

附录2

AI 是什么?

在前面的内容中,我们简要介绍了 AI[足以让我们讨论 AI 在教育中(AIED)的应用]。在这里,我们以本书前面的内容为基础,为感兴趣的读者提供更多细节。先从一些关于 AI 的定义开始,为后面的内容提供背景。根据《牛津英语词典》,AI 的定义如下:

> 计算机或其他机器展示或模拟智能行为的能力。
>
> 《牛津英语词典》[438]

该定义证实了人工指的是计算机或其他机器,但它仍然回避了一个问题:智能行为意味着什么,或者说智能到底意味着什么。事实上，智能的含义以及机器是否能够智能化一直存在争议[参阅哲学家约翰·希尔勒（John Searle）提出的"中国屋论证"（*Chinese Room Argument*），可以了解相关的开创性讨论]。[439] 阿兰·图灵（Alan Turing）是公认的现代计算机和 AI 之父。他设计了一个实验：一个人和一台机器在分隔开的情况下，机器回答这个人提出的一系列问题，如果机器通过了这样的测试（即众所周知的图灵测试），就可以认为机器是有智能的。

> 我相信50年后，计算机自主编程将成为可能。那时候计算机能与普通询问者在五分钟的问答游戏中给出至少百分之七十的正确回答。
>
> 阿兰·图灵 [440]

将人类（询问者）引入 AI 与人类智能比较的讨论中，也是一种替代方法：

> AI是一门科学，指的是让机器做一些需要人类智慧才能完成的事情。
>
> 马文·明斯基（Marvin Minsky）[441]

近期，下面的字典，对这一说法进行了扩展。AI 是：

关于建立计算机程序的学科，这些计算机程序将会执行需要人类智能才能完成的任务。AI处理任务的相关例子有：游戏、自动推理、机器学习、自然语言理解、规划、语音识别和定理证明。

《计算机科学词典》[442]

事实上，有关 AI 的定义可能与有关该主题的书一样多（主要是有关技术的书籍）。然而，罗素（Stuart Russell）和诺维格（Peter Norvig）在其经典 AI 教科书[443]中写到，AI 的大多数定义都可纳入包含四种不同途径的矩阵中，取决于其是否优先考虑思考或行为，以及是否采取类似人类的或理性的观点（如下页表所示）：①旨在像人类一样思考。通过对人类认知能力的自动化，如制定决策和解决问题 [在许多 AIED 个性化辅导系统（ITS）中可见]。②旨在像人类一样行动。通过自动化人类非反射能力，如图像和语音识别（如同在对话式智慧家教系统 DBTS 和自动论文反馈中使用的）。③旨在理性思考。通过感知和推理的计算模型（在 AI 教学助理中可能需要）。④旨在通过智能代理合理行事（如许多 AIED 模拟中所使用的那样）。

AI 的实现途径

	类似人类	理 性
思　考	像人类一样思考。通过对人类认知能力的自动化（如制定决策和解决问题）。	理性思考。感知和推理的计算模型。
行　为	像人类一样行动。通过自动化人类非反射能力（如图像和语音识别）。	合理行事。设计智能代理（具有智能行为的产品）。

来源：CCR based on Russell and Norvig, *Artificial Intelligence*, p.2.

　　回到 AI 中使用的人工一词，以及希尔勒关于计算机程序永远无法独立思考的论点，也许我们应该完全停止使用 AI（由非人类展示的智能）这一短语，从而避免解释学争议。事实上，许多作家都有效地论证了这一点，尤其是道格拉斯·恩格尔巴特（Douglas Engelbart）[444] 和文特·瑟夫（Vint Cerf）[445]（现代计算的两位先驱），他们将其称为增强智能（augmented intelligence）[446][其他人称之为智能增强（intelligence augmentation）[447] 或智能放大（intelligence amplification）[448]]。这种措辞躲过了希尔勒的反对意见，将人脑保留为智慧的来源，并将计算机及其程序定位为一种复杂的工具（或工具的复合体），我们人类可以通过它来提升或增强我们的智能。因此，计算机只是用来做人类认为是无比困难的事情（例如在海量数据中寻找模式）。一些人认为，人类与 AI 的结合，有人称其为"半人马"（centaurs）（半人半 AI）[449]，具有巨大的潜能，超越了单独的人类或 AI。

尽管如此，有关"增强"和"人工"的争论还会持续。AI 至少在一些流行的应用中取胜，使用增强智能固然更准确或更有用，然而 AI 的表述更流行。因此，我们采用最终的实用主义方法，在大多数的主要文本和以后使用 AI，让读者自行判断 AI 中 A 的含义。

AI 简史

1956 年在美国常青藤盟校达特茅斯学院举办的研讨会，奠定了 AI 的基础。[450] 会上提出并讨论了第一个 AI 程序——逻辑理论家（the Logic Theorist）。达特茅斯研讨会的召集者约翰·麦卡锡（John McCarthy，通常认为，他说服其他人将这个新领域命名为 AI），以及参与者马文·闵斯基（Marvin Minsky）、艾伦·纽厄尔（Allen Newell）和赫伯特·西蒙（Herbert Simon），他们都成为了 AI 研究的先驱。

接下来的几十年里，AI 的发展时断时续，有快速发展的时期，也有间歇的时期，其间历经 AI 寒冬，信心泯灭，资金耗尽。发展初期，AI 研究只集中在几个实验室，尤其是麻省理工学院、卡内基梅隆大学和斯坦福大学。其后，研究的范围扩展迅速。在这里，为了说明早期 AI 研究的广度，我们简要介绍四个方面：基于规则的系统、玩游戏的计算机、计算机视觉和自然语言处理。

基于规则的系统和专家系统

事实上，基于规则的推理系统既是早期的焦点，也是 AI 长期持续成功的因素。从早期开始特别令人难忘的是，在众多的应用中，ELIZA[451] 通过程序实现了一种基于规则的方法，用于扮演心理治疗师。ELIZA 显然是 AIED 对话辅导系统（DBTS）最早的前身，例如 AutoTutor。在计算机终端上，典型的 ELIZA 会话，简要摘录如下：

> "我男朋友让我来这儿。"
>
> ELIZA："你的男朋友让你来这里。"
>
> "他说我大部分时间都很沮丧。"
>
> ELIZA："我很抱歉听到你很沮丧。"

通过这种方式，ELIZA 看起来反应敏捷、感知力强、很聪明。然而，这只是规则的使用，例如我—你的句子转换（"我的男朋友"成为"你的男朋友"），插入主要短语（"我很抱歉听到"），然后回到之前随机选择的句子，看起来像是建立了一个新颖的逻辑联系。ELIZA 没有任何真正意义上的心理学常识，但它却是第一批商业化的 AI 工具之一。[452]

随着时间的推移，基于规则的系统发展成为所谓的专家系统，即"使用知识来解决复杂问题的计算机程序"。[453] 其中一个早期例子是 MYCIN，该系统旨在诊断一些传染性血液疾病 [454]（许多早期的 AIED、ITS 本质上也是专家系统）。像其他专家系统一样，MYCIN 使用了一系列"如果……那么……"和其他条件规则。利用这些规则，从血液测试和细菌培养的结果给出诊断。下述简化的摘录说明了逻辑推理的过程。

> 如果　细菌培养呈阳性，
>
> 并且　入口是胃肠道，
>
> 并且　腹部是感染的位置，
>
> 或者　骨盆是感染的位置，
>
> 那么　是肠杆菌感染。

虽然专家系统通常包含数百个"如果……那么……"的条件规则，通常可以遵循导致结果的实例化逻辑，换句话说，可以检查系统的规则和决策。但是，由于规则之间的交互可以快速增加，专家系统有时也可能难以理解和调试。尽管如此，专家系统的开发相对便宜，对错误具有弹性，并且可以相对灵活（如果需要考虑新条件，通常可以在不损害现有句法的情况下添加新规则）。由于上述原因，基于规则的系统很快被业界所接受，尽管它们的使用通常仅限于专业应用（例如，通用电气唯一的专业机车工程师即将退休，于是通用电气开发了一个专家系统，能够诊断80％的电力机车维修问题）。[455]

事实上，针对专业应用开发专家系统有一个关键问题，即知识获取。由于专家系统的设计师通常不是该领域的专家，他们又如何确定哪些知识是需要编入代码的呢？因此促进了知识抽取（以可实例化的方式从领域专家中提取知识的方法）和知识工程（在专家系统的条件规则中实例化引出知识的方法）的发展。[456] 随着各种方法的成熟，专家系统已应用于各种情境中（如制造业、农业、工程、税务评估和贷款资格计算），尤其是在没有人类专家的情况下（地点或成本的限制）。最近，专家系统已经通过新的 AI 技术得到了增强，后面会对此作进一步说明。

早期 AI 研究的内容，如玩游戏、计算机视觉和自然语言处理等，都取得了很大进展。这些内容也体现了"早期 AI 研究的稚嫩"[457]，进展还远未达到早期的 AI 研究人员和资助者们的预期。

玩游戏的电脑

一些早期的 AI 研究人员对开发下棋的系统感兴趣，如国际象棋、西洋双陆棋和跳棋等游戏的系统，因为这些游戏只包含一些基本元素，并且受到规则约束，解决方案十分多样。研究人员尝试了各种方案。一种策略是试错搜索方法，搜索可能移动的树状问题空间以期找寻最佳途径（这点在国际象棋中一直具有挑战性，因为任何时候棋子的移动可能都是指数级）。另一种策略是评估方法，这种方法更密切地复制了人类的下棋方法，界定了评估棋子移动策略的标准，据此选择具有最佳成功机会的移动。一些系统还引入了统计技术，根据大量先前游戏的结果来权衡棋子移动的选择，而其他系统则使用精简（去除明显的无效选择）或启发（经验法则），使问题空间搜索更有效率。得益于计算机快速计算海量数字数据的能力，这些系统击败了高超的人类玩家，尽管直到 1997 年，IBM 超级计算机深蓝（Deep Blue）才成功击败了国际象棋冠军卡斯帕罗夫（Boris Kasparov）。20 年后，谷歌的 DeepMind 使用了非同寻常的 AI，击败了世界围棋冠军李世石（Lee Sedol）。尽管如此，早期游戏研究人员开创的许多技术至今仍在使用，尤其是运用于智能手机和平板电脑上的各种游戏应用程序。

计算机视觉

为了开发计算机视觉，即计算机识别现实世界中物体的能力，早期的研究人员意识到需要大幅简化问题。研究者们没有试图解释人类看到景象的复杂性（例如随机形状的物体、纹理、透视、数百万种颜色以及运动），而是从高度简化的模型开始：积木微观世界。世界由固定的几何对象组成，如金字塔、立方体和矩形块。经历数次失败后，通过识别角、边和块面，许多早期的尝试还是取得了成功。一个关键问题是系统不理解遮挡（当一个物体部分挡住了另一个物体时）。这个问题最终通过在系统中使用各种知识规则得到了解决（例如一条线有两端，一个拱有两个不触摸的直立块支撑第三个块）。尽管取得了许多重大进展，但计算机视觉的总体发展缓慢。

自然语言处理

早期的自然语言处理研究工作是机器翻译。自 20 世纪 50 年代初以来，美国政府一直在资助机器翻译，主要是为了自动翻译冷战时期的俄语文件。然而，这项工作并不顺利。比较著名的一个误译的例子是把"心有余而力不足"译成了"伏特加是好的，但肉是腐烂的"（从英语到俄语再到英语），这说明他们遇到了无法解决的困难。[458] 该项目资金很快就被撤回了。SHRDLU [459] 系统采用了一种更加简化的方法，运用积木微观世界的方法，虽然其积木微观世界只存在于计算机内存中。使用 SHRDLU，一个人可以与系统进行简单的打字对话，通过使用日常语言来发布命令（例如，拾取大红色块）控制模拟机器人手臂与模拟块状物体进行交互（如，拾取和移动）。像所有早期的自然语言处理方法一样，SHRDLU 依赖于条件规则的直接手工编码。这种方法的问题很快就出现了，即无法应对自然语言的全部变化。虽然大多数语言都有稳定的底层结构，但所有语言都有众多的表层差异和多重模糊性。这样，一旦语言规则被编码，就会有例外现象，需要使用另一条规则，陷入无止境的规则循环。

第一个 AI 寒冬

虽然前景值得期待，但进展都未能达到研究人员和资助者

的希望和期望。早期的大部分资金来自国防高级研究计划局
（DARPA），该机构已经为 AI 研究提供了数百万美元，而且几乎
没有任何附加条件。然而，英国科学研究理事会[460]的一份报告
说，大多数 AI 研究在将来不太可能产生有用的东西，并且缺乏
可能对 DARPA 的工作有用的 AI 技术。于是，这笔钱不可避免
地被撤回了，从而导致 AI 迎来了第一个寒冬，AI 研究举步维艰。

　　简要回顾 AI 研究起点的目的是为了展示 AI 的雄心、广度、
成功以及挑战，所有这些都对 AI 在教育中的应用产生了影响。
接下来的内容将着重介绍最近十年的发展。[461]计算机处理器更快
了，大量大数据获取便利了，计算方法进步了，这三个关键的进
展标志着 AI 已经进入了复兴时期。

今天的 AI

　　正如本附录开头所述，AI 已经在我们的日常生活中随处可
见，成为不可或缺的一部分。然而，它越融入我们的生活，我们
就越容易忽视其存在。

　　　　许多前沿AI已经融合到了一般应用程序中，它们通常不
　　会被称为AI。一旦事物变得足够有用而且寻常，它就不再被
　　标记为AI了。[462]

然而，AI 通常被称为高级计算机程序（例如电子邮件垃圾邮件过滤）[463]、个人助理（例如 Cortana）[464]、推荐系统（例如 Netflix）[465]、语言学习应用程序（例如 Duolingo）[466]，以及最近的语音激活智能扬声器，如 Google Home[467] 和 Amazon Echo[468]，使我们见识了 AI 家居。

实际上，AI 的许多最新发展，主要归功于前面提到的三个具有开创性和变革性的关键进展——更快的计算机处理器、海量的大数据和新的计算方法。事实上，本附录已经过时了，新的 AI 技术、工具和产品一直在推出。

机器学习（监督式、非监督式和强化式学习），神经网络（包括深度学习）和进化算法等 AI 技术已被广泛应用于各种场景，如自动驾驶汽车、网上购物、自动撰写新闻、在线约会、图像处理[469]、股票交易，以及法律和金融服务。我们将详细介绍这些核心 AI 技术。首先来看一下最近的 AI 应用程序。

人脸识别

自动人脸识别在最近取得了质的飞跃。该技术运用在智能手机相机中，能清晰聚焦面部。还用在了电子护照入口，识别旅行者，判断是否批准入境。在前文中，我们描述了计算机视觉的起源，阐明了通过关注积木微观世界来简化问题的必要性。之后一段时间，虽然取得了一定的进展，但计算机视觉想达到人类的视觉能力水平仍然遥不可及；直到 2012 年，谷歌使用了一种完全不同的计算方法。谷歌的研究人员没有试图进行计算机视觉编程，而是提出了一种基于大脑的 AI 神经网络，由 16000 台计算机处理器组成，从 YouTube 上随机选择了 1000 万个视频缩略图。[470] 通过使用深度学习技术，在没有被告知如何识别物体的情况下，这个机器学习系统很快就学会了如何检测照片中的人脸。两年后，脸书推出了一个九层深度 AI 神经网络，涉及超过 1.2 亿个参数，用于识别（不仅仅是检测）时间轴照片中的面部。[471] 该神经网络在一个有 400 万张人脸图像的数据集上进行训练。这些图像之前已被人标记过（多年来，脸书用户在上传照片时一直乐此不疲地为他们的朋友贴标签）。识别检测准确率超过 97%，几乎与人类的表现相同。虽然表现惊人，但这些例子也体现了 AI 与人类智能的关键区别：人类几乎不需要依靠任何训练就能轻松识别家庭成员、朋友或社会名流（也是当前人类优于 AI 的地方，将来随着研究的不断进步和发展，情况可能会反转）。

自动驾驶汽车

近年来 AI 发展的另一个领域是自动驾驶汽车，神经网络被用来在没有任何人为干预的情况下驾驶一辆汽车、卡车和出租车。开发者的公开目标是大幅减少道路上的交通事故和伤亡人数，提高车辆运行效率，消除拥堵现象。自动驾驶汽车依靠复杂的摄像头、传感器、通信系统以及强大的计算能力，使他们能够像一个优秀的人类驾驶员一样观察、聆听、感受、思考和作出决策。随着车辆行驶，其传感器检测道路的边缘和标记，道路标志和交通信号灯，自行车等其他车辆，其他潜在障碍物和行人（包括那些横穿马路的人）。同时，神经网络驱动的智能代理控制汽车的转向、加速和制动。事实上，虽然运用了 AI，自动驾驶汽车的成功（广泛应用还有待来日）还是依赖于人，成千上万的幕后高手[472]，他们的工作是手动标记出城市周围行驶车辆拍摄的数千小时视频片段中的每一帧图像。换句话说，自动驾驶汽车是 AI 研究的一个领域，在一段时间内还是会依赖人类。

自动新闻

AI 在新闻业的应用还鲜为人知。世界各地的新闻机构正在开发 AI 技术，以支持他们的新闻采访和新闻报道。例如，AI 代理持续监控全球新闻媒体并使用语义分析自动提取关键信息，这些信息可供记者报道故事使用。[473]甚至有一些 AI 技术更为先进，能够自动编写新闻。[474]他们获取策划好的信息，将其与模板匹配，并创建出可在多个平台上发布的故事。输出可能是公式化的，但这种方法在写准确的短讯方面非常成功，这些短讯能引导读者深入了解人类记者的写作。[475]AI 在新闻业中的其他用途包括审核论坛评论（使用情绪分析自动检测有攻击性的或不适当的帖子）[476]、数据可视化（其中 AI 自动确定显示特定数据集的最佳方式）[477]、聊天机器人（被用来回答用户问题）[478]，以及检测假新闻[479]。但是，除了检测假新闻之外，AI 还被用于制作假新闻[480]（既然可以写真实故事，也就可以写假故事）和虚假媒体（使用名为 Deepfakes 的 AI 技术可以把名人面孔移植到色情影片中的演员身上）。[481]"还要考虑传播错误信息的潜在滥用行为。Deepfakes 可以模仿政客的言语表达，从而影响选举。"[482]

AI 的应用相当广泛，无法一一述及。以三个简短的例子来收尾：法律服务、天气预报和医疗诊断。

AI 法律服务

AI 电子资料档案查询工具用于帮助律师处理繁琐且耗时的工作——审查文件，这些文件需要在民事或刑事法律案件中作为潜在证据。[483]一种方法是对专家审查和标记的文件样本进行机器学习分析。这样，AI 就能确定哪些文档需要优先深入审查。与其相似，AI 工具的开发是为了研究相关的判例法和法规，在兼并和收购中进行详细的法律调查，以及进行合同审查和合同书写。

AI 天气预报

在天气预报中，机器学习在预测天气方面比传统的基于模拟的预测更准确。[484]气象学家通过长期跟踪天气数据，建立了复杂的基于知识的模拟来预测天气。然而，AI 预报挖掘了大量历史和即时天气数据，以及来自全球 1000 多个气象卫星和 250000 个气象站的数十亿数据记录，其中一家公司声称每天使用超过 100TB 的数据。[485]这些 AI 天气预报系统使用神经网络和深度学习来识别数据模式（而不是用于模拟），以便基于数据预测未来的天气状况。[486]

AI 医疗诊断

最后一个例子是 AI 在医学诊断中的应用。例如，放射科医师正在使用 AI 技术加快识别医学图像中的异常，同时减少错误。[487] 其中一个系统在 X 射线图像中查找不规则之处，并根据发现的内容来判定优先级。如果双肺图像有结节，会分配一个高优先级状态并将其发送给肺部放射科医生做进一步检查。另一个系统通过研究视网膜扫描以检测糖尿病性眼病。经实证，该系统比人类眼科医生的诊断准确率稍高。[488] 最近的另一项创新是在线 AI 驱动的问诊[489]，人们输入疾病症状描述，并回答类似专家系统的问题，AI 可据此进行诊断。目前尚不清楚这种类型的诊断是否可以媲美人类医生（有待时间考证）。

AI 技术

理解上文所述的 AI 应用相对简单，但理解这些应用是如何实现的，则需要较高的技术性知识。一个 AI 应用程序可能会使用几种不同的 AI 技术。这也是许多从事 AI 的人拥有数学或物理学高级学位的原因之一，尽管情况也在变化。提供 AI 服务的公司越来越多，例如，亚马逊在 AWS 上的机器学习[490]、谷歌的

TensorFlow[491]、IBM 的 Watson[492] 和微软的 Azure[493]。由于在教育中的重要作用，我们将不断涉及一些 AI 技术，同时也会介绍一些关键的 AI 技术和术语。[494]

在进行 AI 关键技术和术语的讨论之前，我们首先要处理相关讨论中广泛使用的两个术语：通用 AI（artificial general intelligence）和奇点理论（singularity）。

通用 AI 与奇点理论

目前为止所提到的例子都是狭窄的、特定领域的 AI。也就是说，其智能范围非常狭窄，不能泛化。尽管其复杂性不容小觑，还是不能直接应用于其他领域。例如，赢得围棋比赛的 AI 不能下国际象棋，能预测天气的 AI 无法预测股市变化，自动驾驶技术的 AI 无法诊断肿瘤。类似的这些应用也被称为狭窄 AI，与之相反，通用人工智能，如同人类智能，能够应用到任何场景中。通用 AI 被定义为"具有合理程度的自我认识和自我控制的 AI 系统，能够在各种情境中解决复杂问题，能通过学习解决新出现的问题"[495]。然而，除了少数几个例子[496]，通用 AI 很少得到 AI 研究的关注。远不及媒体所宣传报道的那样，真相是通用 AI 还未诞生。其复杂性和带来的挑战不应被低估，真正意义上的通用 AI 还没有实现。

奇点理论通常被理解为未来 AI 智能超过我们人类的时刻（有趣的是，这个词源自数学，被用来描述那些不存在，但能够被无限接近的点）。有学者已经开发出了能够重新设计并自我改进的算法。[497] 有人认为这一突破将很快导致 AI 迅猛发展，"智能失控……比迄今为止任何技术革命都要快"[498]，直到 AI 超智能的出现[499]，也就是说，AI 具有了人类无法想象的自我意识。这将是奇点理论，即"人类时代的终结"（幸运的是，这与人类末日并不一样）。

不出所料，有些人欢迎奇点理论的到来，他们认为超级智能可以创造新技术，有助于解决世界问题；其他人则担心超级智能的目标和价值观会与人类不同，终将逃脱人类的掌控，甚至会反过来控制人类。[500] 换句话说，通用 AI 是潘多拉的魔盒（一旦打开，就无法关闭），具有未知和潜在的灾难性后果（生命的终结）。虽然 AI 取得了快速进展，但是通用 AI 只是理想，奇点理论还不太可能发生。即使对于通用 AI 的主要倡导者来说，奇点理论似乎也只是正在逼近，通常认为是 30 年以后。[501]

AI 技术和术语

算　法

在计算或其他解决问题的操作中要遵循的过程或一组规则，尤其指计算机。

《牛津英语词典》[502]

正如前文所述，算法是 AI 的核心，因此 AI 的历史可以被认为是日益复杂和高效算法的发展历史。正如我们所看到的，近期最著名的算法可能是 PageRank，由谷歌创始人于 1996 年开发，当时他们还是斯坦福大学的在校生（显然是以 Larry Page 命名而不是以网页命名）。该算法通过网站页面的外部链接数量来确定网站的重要性，从而确定网站在谷歌搜索的结果排序。

实际上，所有计算机程序都是算法。它们包含数百条甚至数千条代码行，代表计算机解决问题时所遵循的数学指令，即进行数值计算，检查文章的语法，处理图像或是解释我们在自然界中看到的模式。[503]AI 算法与其他计算机程序不同的是，它们涉及一些特定的方法，应用于属于人类的领域，例如视觉感知、语音识别、决策和学习。

在下图中，我们对 AI 分类器算法作了简要摘录（完整的算法可以运行到数千行），也称为第二算法，即 K 近邻算法分类器。

```
>>> # Split iris data in train and test data
>>> # A random permutation, to split the data randomly
>>> np.random.seed(0)
>>> indices = np.random.permutation(len(iris_X))
>>> iris_X_train = iris_X[indices[:-10]]
>>> iris_y_train = iris_y[indices[:-10]]
>>> iris_X_test = iris_X[indices[-10:]]
>>> iris_y_test = iris_y[indices[-10:]]
>>> # Create and fit a nearest-neighbor classifier
>>> from sklearn.neighbors import KNeighborsClassifier
>>> knn = KNeighborsClassifier()
>>> knn.fit(iris_X_train, iris_y_train)
KNeighborsClassifier(algorithm='auto', leaf_size=30, metric='minkowski',
        metric_params=None, n_jobs=1, n_neighbors=5, p=2,
        weights='uniform')
>>> knn.predict(iris_X_test)
array([1, 2, 1, 0, 0, 0, 2, 1, 2, 0])
>>> iris_y_test
array([1, 1, 1, 0, 0, 0, 2, 1, 2, 0])
```

来自AI算法的简要摘录，又称为k-近邻算法

贝叶斯网络

贝叶斯网络是一些 AI 应用程序使用的图模型。它表示世界的某些特定方面相关的（相互依赖的）概率，并执行预测和诊断等计算任务。贝叶斯网络图（贝叶斯网）包括连接节点的各种线（称为边），节点表示变量，边表示这些变量之间的相互依赖性，如下图所示。在典型的贝叶斯网络中，从一个节点到另一个节点的边表明第一节点事件导致第二节点事件发生的特定依赖概率。

举一个非常简单的例子，需要一个 AI 系统来预测（计算概率）不同天气和温度的情况下，顾客可能购买的冰淇凌口味。使用贝叶斯网络方法，节点代表天气是否晴朗，是否炎热，之前的顾客所选择的冰淇凌口味（所有这些共同构成已知数据），以及今天将会选择什么口味的冰淇凌（结果不确定）。贝叶斯网络的计算从每个节点给出的概率开始，这些概率来自训练数据（包括天气、温度的记录和之前顾客选择的冰淇凌口味），从而得出各种结果的概率（在天气和温度条件组合的情况下所选择的冰淇凌口味）。

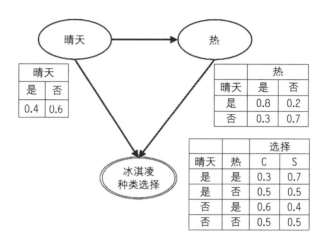

一个带有条件表的简单贝叶斯网，根据前几天的天气、温度和冰淇凌的销售情况，预测售出巧克力冰淇凌（C）和草莓冰淇（S）凌的比例。

基于我们的冰淇凌预测，贝叶斯网络预测涉及的计算公式如下（经过了简化处理）：

$$(S=T) = \frac{P(S=T, C=T)}{(S=T)}$$

也就是说，如果天晴，购买巧克力冰淇凌的概率等于天晴且购买的巧克力冰淇凌的概率除以天晴的概率！幸运的是，AI 工程师（但对我们来说不那么重要）需要确切了解这个公式的原理，才能决定特定情况下哪种方法最合适，这也正是前面提到的 AI 作为服务平台所提供的计算类型。

实际上，典型的 AI 贝叶斯网络可能包含数十（或数百）个具有复杂相互依赖性（边）的变量（节点），使得公式及其解决方案变得越来越复杂。按照贝叶斯计算方法，可以在不确定的条件下推断出精确的概率，并作出具有实际意义的预测（如上述事例中的，帮助冰淇凌卖家决定每种冰淇凌口味的数量）。贝叶斯网络方法在许多专家系统中很常见，并且被广泛应用于房价建模、石化勘探、肿瘤分类、受害者识别等方面。

自然语言处理的统计方法

自然语言处理（NLP）的最终目标是理解和生成人类所使用的书面语和口语（像 Siri、Cortana 和 Echo 这样的聊天机器人也越来越常见了）。正如我们已经注意到的那样，早期基于语言的 NLP 尝试是不成功的，因为自然语言的变体现象（即便只是数量的庞大），所以不能在条件规则中进行有效编码。20 世纪 80 年代开始，NLP 研究人员开始采用另一种方法，使用统计模型。与贝叶斯网络一样，NLP 统计模型很快变得复杂。下文，我们将介绍 NLP 中采用的一些方法。

统计 NLP 始于从大型文本语料库（如，《不列颠百科全书》、《纽约时报》和国会纪录）中对语言成分的属性进行推断。需要解决五种基本类型的语言成分，即语音、形态、语法、语义和语用学。一种 NLP 统计技术称为密度估计。通过统计句子是否在文本语料库中出现（以及出现的上下文）来评估其正确性。例如，"给豌豆（peas）一个机会"不在语料库中，类似发音的表达"给和平（peace）一个机会"则能在语料库中找到，假设语言情境是国际政治，"和平"会是正确的诠释。

不可避免地，许多句子（尤其是较长的句子）并未出现在文本语料库中。这些情况下，可以使用第二统计模型来改进结果，例如通过计算该句中每个单词的概率来为句子确定一个概率。过程如下：计算语料库中出现"给予和平机会"的次数，计算语料库中出现"给予和平"的次数，将这两个数相除，用来计算"机会"的概率。重复句子中的所有单词，最后将每个单词的概率相乘，从而得到完整句子的概率。其他 NLP 统计方法涉及将单词分为前缀、后缀和词根（un + friend +ly），识别词性（名词、动词和形容词），根据每个词在另一个词旁边出现的频率创建一个单词（例如，"快乐的孩子"这个表达比"三角形的孩子"概率大），并且识别语义上相似的名词（例如，"男孩""女人"和"汽车"，前面两个词更相似）。

使用这些统计技术，NLP 专为一系列应用而设计，例如文本摘要，信息检索，问答以及机器翻译，其最终目标是实现动态的人机对话。我们已经提到的伴侣聊天机器人，如 Siri、Google Home、Cortana 和 Echo。机器翻译处于领先地位的谷歌翻译，具有在一百多种语言之间即时翻译语音和文本的能力（还可以用相机镜头对准要翻译的文字，即可翻译相应文字）。谷歌方法的另一个特别有趣之处在于译文可以不断改进，使用得越多，翻译得越好。[504] 换句话说，统计 NLP 也是机器学习的一个例子，下面将进行简要介绍。

机器学习

> 让可编程计算机从经验中自我学习，最终计算机自己会编写程序，就用不到我们了。[505]
>
> 阿瑟·塞缪尔（A. L. Samuel）

前文介绍的基于规则的系统和专家系统中，许多 AI（如同标准计算机编程一样）需要提前编写计算机完成任务所需的步骤，并且严格遵循这些步骤。而机器学习不提供这些步骤，计算机也能独立完成。从广义上讲，计算机无需显式编程，能够自己学习。这并不是说机器学习不需要大量的编程，编程是必不可少的。机器学习不是输入命令直接产生输出结果，而是通过大量输入数据来预测新的结果。

机器学习算法分析数据以识别模式并构建模型，然后将模型用于预测未来值。通过识别指定人物照片中的模式，可以推测此人在其他照片中出现；通过识别医学症状的模式，可以给出具体的诊断；通过识别学生在智能教学系统中的交互行为模式，能够分析最佳学习途径。换句话说，机器学习分三个步骤：（1）分析数据；（2）建立模型；（3）进行连续迭代。迭代的结果产生新数据，调整和改进模型，然后继续迭代。从这个意义上讲，机器在学习。

前文述及的一些应用的实现（包括自然语言处理、自动驾驶汽车、聊天机器人，以及战胜世界围棋头号选手的谷歌 DeepMind、AlphaGo）[506] 都要归功于机器学习。机器学习在今天如此普遍，以至于谈到 AI，就意味着机器学习，反之亦然。而更确切地说，机器学习是 AI 的子领域。过去的十年中，由于计算机处理器加快，海量的大数据可用和新的计算方法的出现，机器学习进步显著，带动了 AI 的复兴和快速发展。[507] 下面，我们将详细介绍具体的机器学习方法，总体分为三个类别：监督式学习、非监督式学习和强化式学习。

监督式学习

在监督式学习中，机器分析一些输入—输出的例子后，获得了从输入映射到输出的函数。[508]

斯图尔特·罗素和彼得·诺维格

最实用的机器学习涉及监督式学习。首先向 AI 提供大量已知输出的数据，也就是已标记的数据。例如，给 AI 输入大量的人类识别和标记的街道照片，如自行车、路标和行人等，或者是人类转录的成千上万的语音片段，或者是人类医生确诊的难以计数的病例症状。监督式学习算法旨在识别将数据链接到标签的功能，据此构建可应用于类似新数据的模型。从广义上讲，脸书也是用这样的方法来识别照片中的人物，基于脸书用户标记提交的数百万张照片数据，在新的照片中自动识别和标记相同的人物。回到上述示例，自动驾驶车辆可以从标记的街道照片中检测到的模式建立模型用于识别路障；根据标记的音频片段中检测到的模式构建模型可用于自动识别其他录音中出现的词汇；根据症状和疾病中检测到的模式建立的模型可用于自动诊断类似症状的患者。

事实上，监督式学习分为两种：分类（当输出是类别时，例如障碍物／非障碍物）和回归（当输出是连续变量时，例如时间或重量）。还有其他监督式学习算法，最知名的可能是 k- 近邻算法、线性回归、随机森林和支持向量机。

下面将简单介绍 k- 近邻算法。想象一下，你有一些数据被标记为两个类别（障碍物和非障碍物）。如果在散点图中绘制此数据，则每个类别的数据点将聚集在一起（散点图中，将有一个数据点集群表示障碍物，另一个数据点集群表示非障碍物）。如果在散点图上绘制新数据点（表示新对象），k- 近邻算法将通过最近的现有数据点（最近点）判断它属于哪个集群，也就是，预测新对象是障碍物还是非障碍物。如果 AI 工程师设定 k 为 5（还需考虑其他因素），算法将检查 5 个最近点从而作出判断。

非监督式学习 [509]

> 在非监督式学习中，即使没有提供明确的反馈，机器也能学习输入中的模式。[510]

斯图尔特·罗素和彼得·诺维格

在非监督式学习中，向 AI 提供更多的数据，但未对数据进行分类，即数据未被标记。通过分析这些未标记的数据，非监督式学习算法可发现数据底层结构中的隐藏模式，以及可用于分类新数据的数据集群（前面提到的谷歌人脸检测就是用这种方法）。非监督式学习的应用包括对线上买家进行分组，以便发送定向广告；从字迹中识别字母和数字；区分合法交易和金融诈骗等。

非监督式学习也有两种类型，即聚类（例如，通过特征形状对手写字母进行分组）和关联（例如，分出哪一群人既喜欢看喜剧也喜欢看动作片）。还有其他类型的非监督式学习算法，最常见的包括 k- 均值聚类、层次聚类、主成分分析和奇异值分解。

举一个简单的例子，k- 均值聚类自动将数据聚类为 k 个聚类（如果 k 为 3，算法将数据聚类为 3 个分别是 p、d 和 b 的手写字母）。该算法包括如下几个步骤：（1）先随机选取 k 个数据点作为初始的聚类中心（称为质心）；（2）计算每个数据点与各个种子聚类中心之间的距离，把每个数据点分配给距离它最近的聚类中心（初始聚类将会不均匀）；（3）计算每个数据点与其质心之间的距离的平均值；（4）将质心重新分配到该平均值所指示的位置；（5）同上，将数据点重新分配给质心（这样的话，一些数据点仍然保留在同一集群中，而其他数据点则被重新分配给其他集群）。然后，重复步骤（2）至（5），直到没有数据点改变聚类（从而实现最均匀的聚类）。

强化式学习

在强化式学习中，机器从一系列的奖励或惩罚中学习。

斯图尔特·罗素和彼得·诺维格[511]

从某种意义上讲，强化式学习是机器学习类别中最强大的。在有监督和非监督式学习中，从数据导出的模型虽然强大却是固定的，如果数据发生变化，则必须再次进行分析（换句话说，再次运行算法）。然而，强化式学习会基于反馈不断改良模型，也就是说，这种类型的机器学习是真正意义上的机器学习。给 AI 提供初始数据，从中推导出模型，评估为正确或不正确，并相应地进行奖励或惩罚（像电脑游戏一样，设定分数增加或减少）。AI 使用这种积极或消极的强化不断改良模型，随着时间的推移进行迭代更改（即学习和进化）。例如，对自动驾驶汽车避免碰撞的模型予以奖励（加强），从而提高防碰撞的能力；对改善病患症状的医疗诊断模型予以加强，该系统就能够更加准确地诊断未来的患者；如果谷歌 AlphaGo 犯了一个错误，该模型就会受到惩罚，从而减少犯类似错误的几率。还有许多强化式学习算法的例子，如 Q-Learning、State-Action-Reward-State-Action 和 Deep Q Network 等，这些算法都太复杂，这里就不一一赘述了。

分　类	特　性	目　标	算法实例
监督式学习	学习已标记数据	自动标记新数据	1）k- 近邻 2）线性回归 3）随机森林 4）支持向量机
非监督式学习	学习未标记数据	自动识别数据中的模式（簇）	1）K- 均值聚类 2）层次聚类 3）主成分分析 4）奇异值分解
强化式学习	通过奖罚来持续学习	持续改进输出模型	1）Q-Learning 2）State-Action-Reward-State-Action 3）Deep Q Network

机器学习的三个主要类别：监督式学习、非监督式学习和强化式学习。

人工神经网络

人工神经网络是基于生物神经网络（例如动物的脑）的结构和功能的 AI 算法，可应用于高级监督式学习、非监督式学习或强化式学习。人类的大脑由数十亿单独的神经元组成，每个神经元连接（在轴突和树突之间的突触）其他数千个神经元，有着数万亿个连接。记忆从大脑中这些连接的复杂组合中产生，学习被认为是这些连接的加强（称为赫布型学习，即对神经元的刺激使得神经元间的突触强度增加）。[512]

虽然人工神经网络经过训练可以做一些令人难以置信的事情（例如无需人工干预驾驶汽车、在移动人群中识别面孔或是击败世界上最好的围棋玩家），但与高阶动物相比，还是原始形态。与人类大脑的数十亿个神经元不同，人工神经网络通常只涉及几千个神经元（在某些特殊情况下有几百万个），这些神经元排列在逻辑层中，一层中的每个神经元仅在前后层中与每个神经元连接。基于上述原因，最好将人工神经网络视为受生物神经网络启发的设计（可是，谁又能看清楚未来）。

每个人工神经网络包含三种类型的层：输入层（从环境中获取刺激，以数百万个数据点的形式，可能是图像中的像素），隐藏的中间层（属于计算层），以及输出层（传递结果）。如上所述，某一层中的所有人工神经元与该层前后层位置的每一个人工神经元紧密相连。每个连接线对应一个不同的权重。一个人工神经元接收的权重总和，无论该权重是否超过某个预设的阈值，决定了人工神经元的传出连接的权重（无论是激活还是抑制，均受动物脑突触的启发）。机器学习中，这些权重在强化式学习过程中不断地进行调整，人工神经网络进而计算出新刺激的输出。请注意，为了方便理解，第72页上的图进行了简化处理，当前的人工神经网络多达 50 层或更多层，还有许多不同的拓扑结构。

隐藏层是人工神经网络能力的关键，但也带来了一个问题。很难弄清楚人工神经网络是如何找到解决方案的（例如，如何识别照片中的某个特定的人）。换句话说，人工神经网络作出决策的合理化演绎过程是隐藏的、不可知的或是无法检查的，可能不公正[513]，这也是亟待研究解决的问题。[514]

这里，再介绍几个常见的程序：反向传播、深度学习和进化学习，作为本节 AI 技术和术语的收尾。

反向传播

反向传播是误差向后传播的缩写，是人工神经网络监督式学习的算法。前文描述了人工神经网络中某一层神经元的输出影响下一层中的神经元，该过程仅向前方移动。然而，也有一些人工神经网络涉及向后移动的信息。将人工神经网络的实际结果与期望输出进行比较，期望输出又对隐藏层中的神经元及其权重产生影响。

深度学习

机器学习的延伸也称为深度学习，指的是包含许多隐藏层的人工神经网络算法和迭代聚类的过程。例如，一旦深度学习算法确定图片包含特定形状，就可以循环查找其他形状，然后再次循环以识别这些形状之间的关联，重复迭代直到识别出图片的内容（例如，一张面孔）。深度学习是 AlphaGo 使用的主要方法。

进化机器学习

进化机器学习是一个有趣的前沿研究领域，是深度学习的另一种方法。其过程受达尔文自然选择所启发。[515]进化算法是遗传算法的 AI 版本[516]，约翰·霍兰德（John Holland）在 1960 年引入了这个概念。深度学习聚焦对已知事物的建模，进化机器学习则专注于创建尚不存在的解决方案。演化学习算法不是由 AI 工程师编写最终代码，而是自身生成许多随机代码，每个随机代码对其适应性进行评估（代码是否有用？）。抛弃失败的（即不合适的）代码，最成功的（即最适合的）代码随机变异，生成许多新的代码片段，然后遵循适者生存的法则，对这些代码再次评估。这个过程重复多次，最终实现 AI 编写的新 AI 程序。进化机器学习是当前前沿技术研究的焦点。结果如何，我们还将拭目以待。

重新设计教育标准

课程再设计中心（The Center for Curriculum Redesign，CCR）是一个国际召集机构和研究中心，寻求通过重新设计 21 世纪 K-12 教育标准，扩大人类潜能，促进全球繁荣。CCR 思考并想要回答的基本问题是"21 世纪学生应该学什么？"，为此 CCR 汇集了不同观点的支持者——国际组织、行政地区、学术机构、公司和非营利组织（包括基金会），创建了一套完整的框架。

中心指导原则

可持续发展的人类——一种集体潜能得以扩大、集体繁荣得以促进的人类——是由社会、经济和环境等多种因素协调生成的。而其中的关键因素是：建立在有意义的课程基础上的教育，对创造可持续性、平衡性和幸福感至关重要。

当前世界对教学方法和教育理论给予了极大的关注，但 CCR 认为，K-12 教育中"教什么"至少应该与"如何教"同样重要，因此将研究重点放在"教什么"上。

在 21 世纪，我们必须考虑到世界正在经历着不断加速的变化，考虑到社会和个人需求的变化，课程必须对孩子们的未来生活有益，并使之适配。

我们有能力对"教什么"作出有意义的贡献，但这需要对不同的观点持开放态度。因此，CCR 应用和组织多种材料，以获得最佳的清晰度和影响力，力图避免教条，强调创新和综合。

我们能够——也定将——塑造我们想要的未来。

聚焦教什么

技术的指数级变化使得对未来的具体预测更加不可靠，但有一点是肯定的：我们必须让孩子们准备好，应对比以往任何时期都要复杂的问题。上一次重大课程改革发生在 19 世纪末，那也是一个社会需求迅速变化的时期。进入 21 世纪，我们不能再依赖 19 世纪的课程了。事实上，只有深入研究、重新设计并提供符合 21 世纪需求的课程——一种平衡性、灵活性兼顾的课程，我们才能够期望未来的孩子们茁壮成长。茁壮成长意味着必须适应力强、多才多艺和博学智慧。

在围绕适应性、多才多艺和博学智慧的设计课程框架时，我们实现了以下两个主要目标：

（1）提高机会，促进人们在个人和职业上的成功与成就。

（2）为人类的可持续发展，提供人们理解和参与社会发展的共同基础。

中心的工作

CCR 不仅仅是一项计划或调查。CCR 的工作人员与合作伙伴们全面地开展工作，积极与决策者、标准制定者、课程和评估开发人员、学校管理员、学校领导、部门主管、骨干教师、教育技术专家和其他思想领袖以及有影响力的人合作，整体上把握所有教育相关者的需求和挑战。这对创造有意义的、21 世纪教育的前景极有意义，并为其实施奠定了基础。

CCR 的研究、发现和建议，正在通过各种各样的形式积极进行传播，包括由 CCR 发起的会议和研讨会、活跃的网络社区和社交媒体、咨询活动和主题说明会。

下面的视频总结了我们的观点，并可以自由分享：http://bit.ly/CCRintrovideo。[517]

作者简介

　　玛雅·比利亚克（Maya Bialik），CCR 研究部门主管，《四个维度的教育——学习者迈向成功的必备素养》作者之一，目前热衷研究如何在个人和政策层面对科学进行适当的解释和应用。玛雅在哈佛大学获得智能、大脑与教育硕士学位，她的学术背景丰富，在复杂系统、教育、环境科学、心理学、神经科学和语言学等领域均开展研究和写作。

查尔斯·菲德尔（Charles Fadel），全球教育思想的领导者、作家、未来学家和发明家，课程再设计中心创始人兼主席，哈佛大学教育研究生院（GSE）访问学者，奥林工程学院院长理事会成员，经济合作与发展组织（OECD）工商咨询理事会（BIAC）教育委员会主席，《四个维度的教育——学习者迈向成功的必备素养》（其框架已翻译为18种语言）《21世纪技能》（CCR最畅销作品）作者之一，海维提卡教育基金会（Fondation Helvetica Educatio，瑞士日内瓦）创始人兼主席，世界大型企业联合会（The Conference Board）高级研究员。查尔斯已经与世界30多个国家的教育系统和机构开展合作。他在科技领域有25年的工作经验，他是精神力（Neurodyne）AI工作的早期创始人，曾在思科系统公司（Cisco Systems）担任全球教育主管，是麻省理工学院实验研究小组（MIT ESG）、宾夕法尼亚大学沃顿商学院首席学习官项目（Wharton/Penn CLO）的访问学者，波士顿"灯塔天使"的天使投资人。查尔斯还获得了电子科学学士学位、工商管理硕士学位和七项专利。完整自传详见：http://curriculumredesign.org/about/team/#charles。

韦恩·霍姆斯（Wayne Holmes），英国开放大学（The Open University，UK）教育技术研究所（the Institute of Educational Technology）学习科学和创新助理教授。他还是巴西圣保罗大学（Universidade de São Paulo）和阿拉戈阿斯联邦大学（Universidade Federal de Alagoas）的客座副教授，北

京师范大学未来教育高精尖创新中心（the Advanced Innovation Center for Future Education）访问研究员，英国议会 AI 教育工作组（Artificial Intelligence—Education Taskforce）成员，CCR 的顾问研究员。他拥有牛津大学学习与技术博士学位、牛津大学教育硕士和哲学硕士学位。他与其他学者合作，撰写了两篇重要的教育 AI 报告（《释放智能：教育 AI 的争论》《技术增强的个性化学习：理清证据》）。他在 2018 人工智能教育（AIED）国际研讨会上，首次领导举办了 AI 教育伦理工作坊——"AI 教育的伦理：谁来关心？"

注 释

1. 可能只有生物科技才能与之匹敌。

2. https://www.statista.com/statistics/621468/worldwide-artificial-intelligence -startup-company-funding-by-year。

3. http://www.Gartner.com/SmarterWithGartner。

4. Dr Roger Schank, https://www.rogerschank.com/。

5. https://www.oecd.org/skills/piaac/。

6. https://read.oecd-ilibrary.org/education/computers-and-the-future-of-skill-demand_9789264284395-en#page1。

7. IBM, 2017, Cognitive Opentech Group.

8. 这代表将某领域中学到的知识迁移到一个新的领域中。

9. Dr. Ruben Puentedura, http://www.hippasus.com/。

10. "所有人都终有一死；苏格拉底是人；所以苏格拉底终有一死。" https://en.wikipedia.org/wiki/Syllogism。

11. Harari, Y. (2018). *21 Lessons for the 21st Century*. Spiegel & Grau

12. 迁移：在学习环境之外运用知识的过程。

13. Subirana, B., Bagiati, A., & Sarma, S.(2017). "On the Forgetting of

College Academics: at 'Ebbinghaus Speed'"? *Center for Brains, Minds, and Machines Memo*(68)：1–12.

14. UNESCO, http://www.unesco.org/new/en/education/themes/ strengthening-education -systems/quality-framework/desired- outcomes/competencies。

15. Fadel, C., Bialik, M., and Trilling, B. (2015) *Four-dimensional education: The competencies learners need to succeed.* Center for Curriculum Redesign.

16. Bialik, M., & Fadel, C.(2015) "Skills for the 21st Century: What should students learn?" Center for Curriculum Redesign.

17. 或者称为社交情感技能、非认知技能、软技能等，更多信息见：http://curriculumredesign.org/wp-content/uploads/CCR- Decision-matrix-for-Character-terminology-FINAL.pdf。

18. Bialik, M., Bogan, M. Fadel, C., Horvathova, M. (2015) "Character Education for the 21st Century: What Should Students Learn?" Center for Curriculum Redesign.

19. Bialik, M., & Fadel, C.(2015) "Meta-Learning for the 21st Century: What Should Students Learn?" Center for Curriculum Redesign.

20. https://curriculumredesign.org/framework-of-competencies- subcompetencies/。

21. 其他三个维度请参阅 http://www.curriculumredesign.org/our- work/papers。

22. Chen, X.(2013) STEM Attrition: College Students' Paths into and out of STEM Fields.Statistical Analysis Report.NCES 2014-001. National Center for Education Statistics.

23. National Center for Education Statistics.https://nces.ed.gov/

fastfacts/ display.asp?id=51。

24. Bower, G. H., & Hilgard, E. R. (1981) Theories of Learning. Eaglewood Cliffs, NJ; Prentice-Hall。

25. Perkins, D.(2014).Future Wise: Educating our children for a changing world. John Wiley & Sons.

26. 因此，一个重要的考虑因素是，当今世界正在迅速变迁，所以与世界互动所必需的知识也应该随之变化（未来会有更多变化）。

27. Wiggins, G., & Mctighe, J. (2005). *Understanding by Design*, Expanded 2nd Ed. ASCD.

28. Cooper, M. M, Posey, L. A, Underwood, S.M. (2017). "Core Ideas and Topics: Building Up or Drilling Down?" *Journal of Chemical Education.*

29. https://en.wikipedia.org/wiki/Curse_of_knowledge。

30. Subirana, B., Bagiati, A., & Sarma, S, "On the forgetting of college academics," 1–12.

31. Arbesman, S.(2013).*The Half-Life Of Facts: Why Everything We Know Has an Expiration Date.* Penguin.

32. Phenix, P. H. (1964). *Realms of Meaning a Philosophy of The Curriculum For General Education.*McGraw–Hill.

33. 意义领域相互关联，却又相对独立。

34. Frankl, V. E. (1985). *Man's search for meaning.* Simon and Schuster.

35. 在真正意义上，理解等同于创建意义，因为对学习者来说，它必须始终是激活的。

36. Shernoff, D. J., Csikszentmihalyi, M., Schneider, B., &Shernoff, E. S.(2003). "Student engagement in high school classrooms from the perspective of flow theory." *School Psychology Quarterly,* 18(2):

158–176.

37. Autor, D. and Price, B.(2013), "The Changing Task Composition of the US Labor Market: An Update of Autor, Levy, and Murnane (2003)," MIT Mimeograph.

38. Frey and Osborne (2013), *The Future of Employment: How Susceptible are Jobs to Computerization?* University of Oxford.

39. Arntz, M., T. Gregory and U. Zierahn (2016). *The Risk of Automation for Jobs in OECD Countries: A Comparative Analysis.* OECD Social, Employment and Migration Working Papers, No.189, OECD Publishing.

40. Berriman, R. and Hawksworth, J. (2017). *Will Robots Steal Our Jobs? The Potential Impact Of Automation On The UK And Other Major Economies.* UK Economic Outlook.https://www.pwc.co.uk/economic-services/ukeo/pwcukeo-section-4-automation-march-2017-v2.pdf。

41. McKinsey Global (2017). "Automation and The Future Of Work - Briefing Note Prepared For Necker Island Meeting On Education."

42. 参见：Brooks, Rodney. (2017) "The seven deadly sins of AI predictions." *MIT Technology Review.* 亦见：Chui, Michael, Manyika, James, and Miremadi, Mehdi (2015) "Four Fundamentals of Workplace Automation." *McKinsey Quarterly.* http://www.mckinsey.com/business-functions/digital-mckinsey/our-insights/four-fundamentals-of-workplace-automation. 亦见：Hensel,A.(2017) "How robots will really take our jobs." *VentureBeat.* 亦见：Jones, M.(2017) "Yes, the robots will steal our jobs.And that's fine." *The Washington Post.* 亦见：Shewan, D.(2017) "Robots will destroy our jobs – and we're not ready for it" *The*

Guardian: Technology. 亦见：Surowiecki, J.(2017) "Robopocalypse Not" The Great Tech Panic of 2017. *Wired.*

43. 据估计，历史上技术的指数级加速发展主要与三个因素相关：66% 由于硬件速度，20% 由于固化数据集，约 10% 由于算法本身。现在看来，学习的基本算法的进步正在成为进步的主要动力。

44. Anthes, G. (2017) "Artificial intelligence poised to ride a new wave." *Communications of the ACM* 60 (7): 19–21. https://cacm.acm.org/magazines/2017/ 7/218862-artificial-intelligence-poised-to-ride-a-newwave/fulltext。

45. Krathwohl, D. R.(2002). "A Revision of Bloom's Taxonomy: An Overview." *Theory Into Practice*, 41(4):212–218.

46. Krathwohl, D. R., Bloom, B. S., & Masia, B. B. (1964). *Taxonomy of Educational Objectives, Handbook II: Affective Domain.* David McKay Co.

47. Simpson, E. (1971). "Educational objectives in the psychomotor domain. Behavioral objectives in curriculum development:Selected readings and bibliography." 60(2).https://files.eric.ed.gov/fulltext/ED010368.pdf。亦见：Hill, K., Fadel, C., and Bialik, M. (2018). *Psychomotor Skills For The 21st Century: What Should Students Learn?* Center for Curriculum Redesign. https://curriculum redesign.org/wp-content/uploads/PsychomotorSkills-CCR-May2018.pdf。

48. https://en.wikipedia.org/wiki/AlphaGo。

49. Brynjolfsson, E., & McAfee, A. (2014). *The Second Machine Age: Work, Progress, and Prosperity in a Time of Brilliant Technologies.* WW Norton & Company.

50. Kefik, M.(2017). "Half-human, half-computer? Meet the modern centaur" PARC Blog.

51. 此外，人类存在偏见，其算法和数据集可以反映这些偏见，因此解释信息建构和组合方式引起的非预期结果非常重要。

52. 当然，教育不能解决一切问题——政治和立法的讨论是不可缺少的——但课程再设计中心重点关注点是在教育上。

53. https://www.slideshare.net/spohrer/t-shaped-people-20130628-v5

54. 例如，Simonton,D.K.(2000). "Creative development as acquired expertise: Theoretical issues and an empirical test." *Developmental Review*.20 (2): 283–318.

55. 一般认为，关注专长十分重要，但是在理想化的平衡中，专长和迁移都应得到重视。

56. CCR 的关键准则之一：是的，在某种程度上，这样的努力总会在某处时有发生。但 CCR 的目标是使它们更加"成熟、系统、全面和可证明"。

57. 这里，我们采用了翻转课堂的说法，但实际上指的是不同优先级教学内容的价值翻转，而不是课堂策略。

58. https://en.wikipedia.org/wiki/Flipped_classroom。

59. 这个很重要，但记住，这不是唯一的目标。

60. https://en.wikipedia.org/wiki/Jenga。

61. 不同学科的曲线略有不同。

62. 这当然是不可能的。

63. Wieman, C. (2007). "The 'curse of knowledge', or why intuition about teaching often fails." *APS News*. 16 (10).

64. 例如，Gauthier, I., Skudlarski, P., Gore, J. C. & Anderson, A.W.

(2000). "Expertise for cars and birds recruits brain areas involved in face recognition." *Nature Neuroscience.* 3(2):191–197.

65. 例如，Mack, A. and Rock, I. (1998). *Inattentional Blindness*, MIT Press.

66. Loewenstein, G.(1994) "The Psychology of curiosity: A review and reinterpretation." *Psychological Bulletin.* 116 (1), 75-98.

67. McClelland, D. C., Atkinson, J. W., Clark, P. W., and Lowell, E. L.(1953) *The Achievement Motive.* New York: Appleton-Century-Corfts.

68. https://en.wikipedia.org/wiki/Ostrich_effect。

69. Golman, R., & Loewenstein, G.(2015). "Curiosity, Information Gaps , and the Utility of Knowledge."。亦见 https://ssrn.com/abstract=2149362 或 http:// dx.doi.org/10.2139/ssrn.2149362。

70. Perkins, D. (2014*). Future wise.*

71. 包括自主学习、体验学习、探究学习、动手学习、调查学习、实践学习、项目学习、基于问题的学习、发现学习等。

72. Dewey, J.(1916). *Democracy and education.* https://www.gutenberg.org/files/852/852-h/852-h.htm。

73. Bloom, B. S., Engelhart, M. D., Hill, H. H., Furst, E. J., &Krathwhol, D. R. (1956).*Taxonomy of Educational Objectives. The Classification of Educational Goals, Handbook I: Cognitive Domain.* David McKay Company.Inc, New York.

74. Anderson, L. W., & Krathwohl, D. R.(2001). *A taxonomy for learning, teaching, and assessing: A revision of Bloom's taxonomy of educational objectives.*Pea rson; 以及 Krathwohl, D. R.(2002). "A Revision of Bloom's Taxonomy: An Overview." *Theory Into Practice* 41(4), 212–218.

75. 如：Barnett, S. M., & Ceci, S. J. (2002). "When and Where Do We Apply What We Learn? A Taxonomy for Far Transfer." *Psychological Bulletin* 128 (4): 612–637.

76. Bransford, J. D. & Schwartz, D. L. (1999). "Rethinking transfer: A simple proposal with multiple implications." *Review of Research in Education* 24: 61–100.

77. Billett, S. (2013). "Recasting transfer as a socio-personal process of adaptable learning." *Educational Research Review* 8: 5–13.

78. Wiser, M., Smith, C. L., Doubler, S., & Asbell-Clarke, J. (2009). *Learning Progressions as a Tool for Curriculum.* 论文发表于 Learning Progressions in Science (LeaPS) Conference, June 2009, Iowa City, IA.

79. 有时这种情况会发生得很顺利，但是通常情况下，某种情况会和多种模式相匹配，这也就解释了学生对具体概念应用的不稳定会让教师感到困惑。

80. Phenix, P. H. (1964). *Realms of Meaning a Philosophy of The Curriculum for General Education.* McGraw-Hill.

81. 在《意义的领域》中，这被称为 "synnoetic"。

82. 在《意义的领域》中，这被称为 "synoptic"。

83. Lockhart, P. (2009). *A mathematician's lament: How School Cheats Us Out of Our Most Fascinating and Imaginative Art Form.* Bellevue Literary Press.

84. 由皮亚杰创造的流行教学模式中，学生积极地构建理解，而不是简单地得到意义。

85. 这误解通常被称为 "替代概念"，以保持这样的想法，即概念依然是有意义的，只是不太符合标准。

86. diSessa, A. (1993) as cited in Hammer, D., Elby, A., Scherr, R. E., & Redish, E. F.(2004) in J. P. Mestre(Ed.)*Transfer of Learning from a Modern Multi-disciplinary Perspective*. IAP. 89–119.

87. https://journals.plos.org/plosone/article?id=10.1371/journal. pone.0120644。

88. 如理财素养（Financial Literacy），媒介素养（Media Literacy），科学素养（Scientific Literacy）和图示素养（Graphic Literacy）。

89. 如数学流畅性（Math Fluency）。

90. 所谓"流畅地"，是指熟练水平达到了自动化、不假思索的内化程度。

91. 在我们的日常生活中也是如此，比如一位科学家对某位非科学家作出解释时，这位非科学家看起来有点恼火，并说"请说英语"，这意味着他在这个科学话题上是不流畅或素养不足的。

92. Wineburg, S., Martin, D., & Monte-Sano, C.(2014).*Reading Like A Historian:* Teaching Literacy in Middle and High School History Classrooms— Aligned with Common Core State Standards. Teachers College Press.

93. 有观点认为，所有的推理／学习都处于某种水平的迁移（隐喻、类比）。

94. 我们使用的"非学科"（non-disciplinary）一词，与学科间的（interdisciplinary）、跨学科的（cross-disciplinary）或超学科的（transdisciplinary）相对立，以避免讨论我们所指的传统学科范围外的联系究竟是哪种。它的意义是非常宽泛的。

95. Garfield, J., & Ooms, A. (2006). *Assessment resource tools for assessing students'statistical literacy, reasoning, and thinking*. Proceedings of the National STEM Assessment Conference.

96. Hestenes, D., Wells, M., & Swackhamer, G.(1992). "Force concept

inventory." *The Physics Teacher* 30：141-158.

97. Ed's Tools 是其中一个有前景的项目，它提供电脑程序帮助建构任一科目的概念清单。https://edstools.colorado.edu/。

98. Hestenes, Wells, & Swackhamer, G., "Force concept inventory," 141–158.

99. Steif, P. S.(2004). An articulation of the concepts and skills which underlie engineering statics. In *Frontiers in Education*, 2004. FIE 2004. 34th Annual (pp.F1F-5).IEEE.

100. Evans, D. L., Gray, G. L., Krause, S., Martin, J., Midkiff, C., Notaros, B. M., & Streveler, R. (2003). "Progress on concept inventory assessment tools." In *Frontiers in Education*, 2003, Vol.1.IEEE.

101. Kinchin, I. M. (2010). "Solving Cordelia's dilemma: Threshold concepts within a punctuated model of learning." *Journal of Biological Education*, 44(2)：53-57.

102. Peter, M., Harlow, A., Scott, J. B., McKie, D., Johnson, E. M., Moffat, K., & McKim, A. M.(2014). "Threshold concepts: Impacts on teaching and learning at tertiary level." *Teaching & Learning Research Initiative*.

103. 这可以通过"螺旋式课程""链式课程"和"课程地图"等达到。

104. Michael, J., & Mcfarland, J.(2011). "The core principles ('big ideas') of physiology: Results of faculty surveys." *Advanced Physiology Education* 35: 336–341.

105. 向下流动梯度是比生理学更低位的核心概念。

106. Willingham, D.(2017). "You still need your brain" *Gray Matter.* http://nyti.ms/ 2rKoSPt。

107. Kruger, Justin; Dunning, David (1999). "Unskilled and unaware of it: How difficulties in recognizing one's own incompetence lead to inflated self- assessments." *Journal of Personality and Social Psychology.* 77(6): 1121–1134.

108. Poundstone, W. (2016) *Head in the Cloud: Why Knowing Things Still Matters When Facts Are So Easy to Look Up.* Little, Brown.

109. 有趣的是，20多年前（1994年），那些认为犯罪率上升的人，支持更严格的枪支管制法律的可能性上升了9个百分点，因此支持情况也与如何解释密切相关。

110. Kohut, A (2015). " Despite lower crime rates, support for gun rights increases." Pew Research Center. http://www. pewresearch.org/fact-tank/2015/04/17/despite -lower-crime-rates-support-for-gun-rightsincreases/。

111. Wegner, D.M., & Ward, A. F. (2013). "The internet has become the external hard drive for our memories." *Scientific American* 309 (6): 58–61.

112. Patton, J.R., Cronin, M.E., Bassett, D.S., & Koppel, A.E. (1997). "A life skills approach to mathematics instruction: Preparing students with learning disabilities for the real-life math demands of adulthood." *Journal of Learning Disabilities* 30: 178–187.

113. Poundstone, W. (2016). *Head in the cloud.*

114. Hirsch Jr., E. D., Kett, J. F. and Trefil, J.S. (1988) *Cultural literacy: What Every American Needs to Know.* Vintage.

115. Schmitt, N, Xiangying J, and Grabe. W.(2011) "The percentage of words known in a text and reading comprehension." *The Modern Language Journal* 95（1）: 26-43.

116. Binder, C. (1993). "Behavioural fluency: a new paradigm." *Educational Technology.*

117. 同上。

118. Mosher, F.(2017). *A Hitchhiker's Guide to Thinking about Literacy, Learning Progressions, and Instruction.* Consortium for Policy Research in Education. http://www.cpre.org/hitchhikers-guide-thinking-aboutliteracy-learning-progressions-and-instruction。

119. https://en.wikipedia.org/wiki/Situated_cognition。

120. 与心理学中该术语的运用一致：https://en.wikipedia.org/wiki/Exemplar_theory。

121. Elgin, C. Z.(2017).*True Enough.* MIT Press.

122. 同上。

123. 如：Quilici, J.L., & Mayer, R.E. (1996). "Role of examples in how students learn to categorize statistics word problems." *Journal of Educational Psychology* 88 (1): 144–161. http://doi.org/10.1037//0022-0663.88.1.144 以及 Tenenbaum, J.B., Kemp, C., Griffiths, T. L., & Goodman, N.D. (2011). "How to grow a mind: statistics, structure, and abstraction." *Science* 331(6022): 1279–85. http://doi.org/ 10.1126/science.1192788。

124. "伪装的：一只老虎混入了周围的丛林，它身上有斑纹，但这种情况下，它有斑纹难以成为例证（然而，或许可以举例说明斑纹，甚至是橘色斑纹，如何能在绿色丛林中得以伪装）。""闭塞的：一个秃顶男人戴着帽子，就很难例证其秃顶。""遮蔽的：狮子咆哮的可怕音色会阻碍它有效例证自己的音高。""模糊的：虽然黄绿色的消防栓是绿色的生动实例，但它的颜色也太接近黄色，不能成为很好的范例。"参见：Elgin, C. Z. (2017). *True Enough.* MIT Press, 1-91.）

125. Rohrer,D.(2012).Interleaving helps students distinguish among similar concepts. *Educational Psychology Review.* 24(3): 355-367.

126. 有过螺旋课程（Spiral Curricula）实践经验的人可能会承认，这个框架符合重新审视概念的观念，但它只是概念化其潜在结构的一种方式。

127. Wiser, M., Smith, C.L., Doubler, S., & Asbell-Clarke, J.(2009). "Learning progressions as a tool for curriculum development: Lessons from the Inquiry Project." Paper presented at the Learning Progressions in Science (LeaPS) Conference, June 2009, Iowa City, IA.

128. Fadel, C., Bialik, M., and Trilling, B.(2015) *Four-dimensional education: The competencies learners need to succeed.* Center for Curriculum Redesign.

129. Garner, R. (1990) "When children and adults do not use learning strategies: Toward a theory of settings." *Review of educational research* 60(4): 517-529.

130. Lehman, D.R., Lempert, R.O., & Nisbett, R.E. (1988). "The effects of graduate training on reasoning: Formal discipline and thinking about everyday-life events." *American Psychologist* 43 (6): 431–442.

131. Bialik, M., & Kabbach, A. (2014) "Mathematics for the 21st Century: What Should Students Learn? Paper 4: Does mathematics education enhance higher-order thinking skills?" *Center for Curriculum Redesign.*

132. https://en.wikipedia.org/wiki/Half-life_of_knowledge。以及需要特别指出的 Thierry Poynard 的论文，见 *Annals of Internal Medicine,*136:888.

133. OECD.(2017), OECD Digital Economy Outlook 2017,OECD Publishing. http://dx. doi.org/10.1787/9789264276284-en。

134. Chui, M., Manyika, J. and Miremadi, M. (2016). "Where machines could replace humans—and where they can't (yet)." *McKinsey Quarterly.* https://www.mckinsey.com/ business-functions/ digital-mckinsey/our-insights/ where-machines-could- replace-humans-and-where-they-cant-yet。

135. Davies, A.,Fidler, D., Gorbis, M.(2011) "Future Work Skills 2020." *Institute for the Future.*

136. 同上。

137. 同上。

138. Botsman, R. (2017). *Who Can You Trust: How Technology Brought Us Together and Why It Might Drive Us Apart.* PublicAffairs.

139. Perkins, *Future Wise.*

140. National Academy of Sciences (2004). *Facilitating interdisciplinary research.* Washington, DC: National Academies Press.2,40.

141. Rosvall, M., and Bergstrom,C.T.(2010)" Mapping change in large networks." *PloS one 5.1.* https://journals.plos.org/plosone/ article?id=10.1371/journal.pone. 0008694。

142. Crease,R.P.(2010) "Physical Sciences" In *The Oxford handbook of inter- disciplinarity.*

143. Bialik, M. & Fadel, C. (2017). "Overcoming system inertia in education reform." Center for Curriculum Redesign. https:// curriculumredesign.org/wp-content/ uploads/Inertia-in-Education-CCR-Final.pdf。

144. 在实践中，这个过程很可能比我们描述的要复杂，可能是需要反复进行的。

145. Lockhart, P. (2009). *A mathematician's lament.*

146. 例如，https://www.nytimes.com/2018/06/09/technology/elon-musk-mark-zuckerberg -artificial-intelligence.html。

147. "类似索菲亚（http://www.hansonrobotics.com/robot/sophia）这样被高度宣传的项目，（试图）让我们相信，真正的类人工智能——拟人的甚至有意识的——就在眼前。但在现实中，我们甚至未曾接近这一层次。人工智能研究的真实状况远远落后于我们一直相信的技术童话。如果我们不以更理性的现实主义和怀疑态度对待人工智能，这个领域可能会永远停滞不前。"丹·罗比斯基（Dan Robitzski，2018）引用自网络（https://futurism.com/artificial-intelligence-hype）。

148. https://www.apple.com/uk/ios/siri。

149. 例如，https://www.washingtonpost.com/pr/wp/2018/06/12/the-washington-post- plans-extensive-coverage-of-2018-midterm-elections/?utm_term=.e66d88e4a716。

150. 例如，https://equbot.com。

151. 例如，http://www.predpol.com/。

152. 例如，https://www.cbp.gov/newsroom/national-media-release/cbp-deploys-facial- recognition-biometric-technology-1-tsa-checkpoint。

153. 例如，https://www.babylonhealth.com/。

154. Luckin, R., et al.(2016).*Intelligence Unleashed. An Argument for AI in Education.*Pearson.https://www.pearson.com/content/dam/one-dot-com/one-dot-com/global/Files/about-pearson/innovation/Intelligence-Unleashed-Publication. pdf。

155. "随着对这些技术进步的认可及其对教学的积极影响，预计未来 2 年—3 年内，适应性学习技术和人工智能将得到运用。"《地平线报告 2018（高等教育版 2）》（'Horizon Report: 2018.' Higher Education Edition 2.）（Becker，S.A.，et al. 2018）。

156. Holmes, W., et al.(2018).*Technology-Enhanced Personalised Learning. Untangling the Evidence*. Robert Bosch Stiftung.

157. http://hackeducation.com/2015/08/10/digpedlab。

158. Woolf, B. (1988). "Intelligent tutoring systems: A survey.' In *Exploring Artificial Intelligence*: 1–43; Cumming, G. 以及 McDougall, A.(2000). "Mainstreaming AIED into education?" *International Journal of Artificial Intelligence in Education* 11: 197–207; du Boulay, B.(2016). "Artificial intelligence as an effective classroom assistant." *IEEE Intelligent Systems* 31（6）: 76–81. https://doi.org/10.1109/MIS.2016.93。

159. https://www.linkedin.com/pulse/tech-giants-quietly-invest-adaptive-learning- system-rd-drew-carson。

160. http://www.knewton.com。

161. http://www.carnegielearning.com。

162. https://learning.xprize.org。

163. http://www.gettingsmart.com/2018/07/coming-this-fall-to-montour-school- district-americas-first-public-school-ai-program。

164. 在完成新一轮 3 亿美元融资后，中国在线辅导公司猿辅导（Yuanfudao）成立了一家人工智能研究所，旨在训练其家庭作业应用程序变得更智能。https://techcrunch.com/2018/ 12/26/yuanfudao-raises-300-million/。

165. O'Connell, S.(2018). "New Project Aims to Use Artificial

Intelligence to Enhance Teacher Training." Center for Digital Education. http://www.govtech. com/education/higher-ed/ New-Project-Aims-to-Use-Artificial-Intelligence-to-Enhance-Teacher-Training.html。

166. https://www.eschoolnews.com/2017/05/22/brace-ai-set-explode-next-4-years。

167. https://www.gminsights.com/industry-analysis/artificial-intelligence- ai-in-education-market。

168. Woolf, B.P. (2010). *Building Intelligent Interactive Tutors: Student-Centered Strategies for Revolutionizing e-Learning.* Morgan Kaufmann, 11.

169. Gagné, R.M.(1985).*Conditions of Learning and Theory of Instruction, 4th Revised Edition.* Wadsworth Publishing Co Inc.

170. Vygotsky, L. S.(1978). *Mind in Society: Development of Higher Psychological Processes.* Harvard University Press.

171. Luckin, R., et al. *Intelligence Unleashed. An Argument for AI in Education.*

172. 有人认为"人工智能应该对我们所有人开放，即使有些人没有数学背景。"https:// www.youtube.com/watch?v=LqjP7O9SxOM&list =PLtmWHNX-gukLQlMvtRJ19s7-8MrnRV6h6。

173. 例如，"什么是人工智能？"https://www.brookings.edu/research/ what-is-artificial -intelligence。

174. "当提到 AI，你首先想到的是什么？"这一问题在许多关于教育 AI 的讲座和调查中均有提及。证据没有经过严格的统计研究，但绝大多数参与者的回答是：机器人。

175. Crevier, D. (1993). *AI. The Tumultuous History of the Search for*

Artificial Intelligence. Basic Books.

176. http://edition.cnn.com/2006/TECH/science/07/24/ai.bostrom/index.html (Professor Nick Bostrom, director of the Future of Humanity Institute, University of Oxford).

177. 例如，https://www.mailwasher.net uses Bayesian techniques to learn which emails are spam and which are not.

178. https://www.microsoft.com/en-us/cortana。

179. https://help.netflix.com/en/node/9898。

180. https://www.duolingo.com。

181. https://store.google.com/gb/product/google_home。

182. https://www.amazon.com/b/?ie=UTF8&node=9818047011。

183. https://www.nytimes.com/2012/06/26/technology/in-a-big-network-of-computers- evidence-of-machine-learning.html?_r=1。

184. Facebook 引入了一个 9 层的深度人工智能神经网络，包含超过 1.2 亿个参数，用于识别（而不仅仅是检测）时间轴照片中的人脸。它在 400 万张图像的数据集上进行训练。

185. 例如，http://bbcnewslabs.co.uk/projects/juicer。

186. 例如，https://narrativescience.com/Products/Our-Products/Quill。

187. 例如，https://talkingtech.cliffordchance.com/en/emerging-technologies/ artificial-intelligence/ai-and-the-future-for-legal-services.html。

188. Hosny, A., et al.(2018). "Artificial intelligence in radiology." *Nature Reviews Cancer* 18 (8): 500–510. https://doi.org/10.1038/s41568-018-0016-5。

189. https://aws.amazon.com/machine-learning。

190. https://www.tensorflow.org。

191. https://www.ibm.com/watson。

192. https://azure.microsoft.com。

193. 希望能够了解更多关于 AI 技术的读者可能对以下论文感兴趣：
Russell, S. and Norvig, P.(2016). *Artificial Intelligence: A Modern Approach, 3rd Edition.* Pearson; 以及 Domingos, P.(2017). *The Master Algorithm: How the Quest for the Ultimate Learning Machine Will Remake Our World.*Penguin.

194. 站点的网页排名 = Σ[入站访问链接的网页排名 / 该页面上的链接数量]。

195. Turing, A.(1952). "The chemical basis of morphogenesis." *Philosophical Transactions of the Royal Society* 237 (641): 37–72.

196. https://www.theguardian.com/technology/2016/mar/15/googles-alphago-seals -4-1-victory-over-grandmaster-lee-sedol。

197. 有趣的是，机器学习可以至少追溯到 1959 年，源于某 IBM 研究员发表的《使用跳棋游戏进行机器学习的研究》。

198. 读者可在目前领先的 "人工智能即服务"（AI as a service）平台之一——微软 Azure 上找到一份算法综合列表，请访问 http://download.microsoft.com/download/A/6/1/ A613E11E-8F9C-424A-B99D-65344785C288/microsoft-machine-learning-algorithm-cheat-sheet-v6.pdf。

199. 有一个最近臭名昭著的故事，美国零售商塔吉特公司（Target）根据一名少女在店内的购物经历，借助一些非监督式学习，在此名少女告诉任何人之前，自动将这名少女识别为孕妇。https://www.forbes.com/sites/kashmirhill/2012/02/16/how-target-figured -out-a-teen-girl-was-pregnant-before-her-father-did/#31650c296668。

200. O'Neil, C. (2017). *Weapons of Math Destruction: How Big Data*

Increases Inequality and Threatens Democracy. Penguin.

201. Morcos, A.S., et al.(2018). "On the importance of single directions for generalization." ArXiv:1803.06959. http://arxiv.org/abs/1803.06959。

202. https://www.forbes.com/sites/kalevleetaru/2018/12/15/does-ai-truly-learn- and-why-we-need-to-stop- overhyping-deep-learning/#edd206168c02。

203. 对应用人工智能支持行政职能感兴趣的读者，可以阅读有关英国学校监管系统中教育、儿童服务和技能标准办公室（Ofsted）的相关研究。Ofsted 运用"人工智能算法去预测哪些学校处于标准以下"。https://www.tes.com/news/ofsted-use-artificial- intelligence-algorithm-predict-which-schools-are-less-good。

204. Thorndike. E.L.(1927) "The Law of Effect." *The American Journal of Psychology* 39(1/4): 212–22. https://doi.org/10.2307/1415413。

205. Pressey, S.L.(1950). "Development and appraisal of devices providing immediate automatic scoring of objective tests and concomitant self-instruction." *Journal of Psychology* 30: 417–447.

206. Pressey, S.L.(1926). "A simple device for teaching, testing, and research in learning." *School and Society* 23: 374.

207. Skinner, B.F.(1958). "Teaching machines." *Science* 128 (3330): 969–77.

208. Crowder, N.C. (1960). "Automatic tutoring by means of intrinsic programming." In *Teaching Machines and Programmed Learning: A Source Book*. Vol.116. Lumsdaine, A.A., and Glaser, R.(eds.) American Psychological Association, 286–298.

209. Pask, G.(1982). "SAKI:Twenty-five years of adaptive training

into the microprocessor era." *International Journal of Man-Machine Studies* 17 (1): 69–74. https://doi.org/10.1016/S0020-7373(82)80009-6。

210. Beer, S.(1960).*Cybernetics and Management*. The English Universities Press, 124.

211. Self, J.A. (1974). "Student models in computer-aided instruction." *International Journal of Man-Machine Studies* 6 (2): 261–76. https://doi.org/ 10.1016/S0020-7373(74)80005-2。

212. Clancey, W.J. (1983). "GUIDON." *Journal ofComputer-Based Instruction* 10 (1–2): 8–15.

213. Carbonell, J. R.(1970). "AI in CAI: An Artificial-Intelligence Approach to Computer-Assisted Instruction." *IEEE Transactions on Man-Machine Systems* 11 (4): 190–202. https://doi.org/10.1109/ TMMS.1970.299942。

214. Carbonell, "AI in CAI," 192.

215. Bloom, Benjamin S. (1984). 'The 2 Sigma problem: The search for methods of group instruction as effective as one-to-one tutoring." *Educational Researcher* 13 (6): 4. 然而请注意，根据 VanLehn，"有人类导师比没有导师的有效性只高出 0.79 西格玛，不是布卢姆（1984）研究中发现的 2.0 西格玛"。VanLehn, K.(2011.) "The relative effectiveness of human tutoring, intelligent tutoring systems, and other tutoring systems." *Educational Psychologist* 46 (4): 209. https://doi. org/10.1080/00461520.2011.611369。

216. Alkhatlan, A. and Kalita, J. (2018). "Intelligent tutoring systems: A comprehensive historical survey with recent developments." ArXiv:1812.09628. http://arxiv.org/abs/1812.09628。

217. Ontologies are a way of representing a domain's concepts, data, components, entities and properties, and the relationships between them. Sowa, J.F. (1995). "Top-level ontological categories." *International Journal of Human-Computer Studies* 43 (5): 669–85. https://doi.org/10.1006/ijhc.1995.1068。

218. 知识图谱是对本体论的另一种替代方式。https://ontotext.com/knowledgehub/fundamentals/what-is-a-knowledge-graph。

219. Luckin, R., et al.(2018).*Intelligence Unleashed. An Argument for AI in Education*,18; Boulay, B.du., Poulovassilis, A., Holmes, W., and Mavrikis, M. (2018). "What does the research say about how artificial intelligence and big data can close the achievement gap?" 4. In Luckin, R. (ed.) (2018). *Enhancing Learning and Teaching with Technology*, 316–27. Institute of Education Press.

220. 例如，很多 ITS 开始着手研究学生的"学习方式"：Kumar, Amit, Ninni Singh, and Neelu Jyothi Ahuja.(2017). "Learning-styles based adaptive intelligent tutoring systems: Document analysis of articles published between 2001 and 2016." *International Journal of Cognitive Research in Science, Engineering and Education* 5 (2): 83–98. https://doi.org/10.5937/IJCRSEE1702083K 这一观点已被广泛质疑，例如：Kirschner, P.A. (2017). "Stop propagating the learning styles myth." *Computers & Education* 106:166–171. https://doi.org/10.1016/j.compedu.2016.12.006。

221. Bereiter, C. and Scardamalia, M.(1989). "Intentional learning as a goal of instruction." *Knowing, Learning, and Instruction: Essays in Honor of Robert Glaser*, 361–392.

222. Vygotsky, *Mind in Society*, 86ff.

223. Rohrer, D., and Taylor, K.(2007). "The shuffling of mathematics problems improves learning." *Instructional Science* 35 (6): 481–98. https://doi.org/ 10.1007/ s11251-007-9015-8。

224. Mayer, R.E. and Moreno, R.(2003). "Nine ways to reduce cognitive load in multimedia learning." *Educational Psychologist* 38 (1): 43–52.

225. Shute, V.J. (2008). "Focus on formative feedback." *Review of Educational Research* 78 (1): 153–89. https://doi.org/10.3102/ 0034654307313795。

226. Self, J.A. (1974). "Student models in computer-aided instruction." *International Journal of Man–Machine Studies* 6 (2), 261–276. http:// dx.doi. org/10.1016/S0020-7373(74)80005-2。

227. Dimitrova, V., Mccalla, G., and Bull, S. (2007). "Preface: Open learner models: Future research directions." Special issue of the *International Journal of Artificial Intelligence in Education, Part 2.* http://psycnet.apa.org/ psycinfo/2007-13116-001。

228. VanLehn, K. (2011). "The relative effectiveness of human tutoring, intelligent tutoring systems, and other tutoring systems." *Educational Psychologist* 46 (4): 197–221. https:// doi.org/10.1080/00461520.2011.611369; Ma, W., et al.(2014). "Intelligent tutoring systems and learning outcomes: A meta-analysis." *Journal of Educational Psychology* 106 (4): 901; Nesbit, J.C., et al.(2014) "How effective are intelligent tutoring systems in computer science education?" In *2014 IEEE 14th International Conference On Advanced Learning Technologies.* http://ieeexplore. ieee.org/abstract/document/6901409/; Kulik, J.A. and Fletcher,

J.D. (2015). "Effectiveness of intelligent tutoring systems a meta-analytic review." *Review of Educational Research*, https://doi.org/10.3102/0034654315581420; Steenbergen -Hu, S. and Cooper, H. (2013). A meta-analysis of the effectiveness of intelligent tutoring systems on K–12 students' mathematicallearning.http://psycnet.apa.org/journals/edu/105/4/970/; Steenbergen-Hu,S. and Cooper, H. (2014). "A meta- analysis of the effectiveness of intelligent tutoring systems on college students' academic learning." http://psycnet.apa.org/journals/ edu/106/2/331/。

229. Kulik, J.A., & Fletcher, J.D. (2015). "Effectiveness of intelligent tutoring systems a meta-analytic review." *Review of Educational Research*, 003465431 5581420. https://doi.org/10.3102/0034654315581420。

230. 尽管有一项元分析确实发现 ITS "与成人一样有效的一对一辅导"：VanLehn, "The relative effectiveness of human tutoring, intelligent tutoring systems, and other tutoring systems," 214.

231. 效应量衡量的是，实验组平均值与控制组平均值之间的差值相对于控制组分数标准差的大小。

232. Hattie, J. (2008). *Visible Learning*. Routledge.

233. Lynch C., et al.(2006). "Defining "ill-defined domains"; a literature survey." In (2006), Proceedings of the Workshop on Intelligent Tutoring Systems for Ill-Defined Domains at the 8th International Conference on Intelligent Tutoring Systems. http://people.cs.pitt.edu/~collinl/Papers/Ill-Defineeedid Procngs.pdf; Woolf, B. (2010). "Social and caring tutors." ITS 2010 keynote address. https://link.springer.

com/chapter/10.1007/978-3-642-13388-6_5; Lane, C., et al. (2007). "Intelligent tutoring for interpersonal and intercultural skill." http://ict.usc.edu/pubs/Intelligent Tutoring for Interpersonal and Intercultural Skills.pdf。

234. https://www.carnegielearning.com/products/software-platform/mathia-learning-software。

235. https://www.assistments.org。

236. Pane, J.F., et al. (2015). "Continued progress. Promising evidence on personalized learning." https://www.rand.org/content/dam/rand/pubs/research_ reports/RR1300/RR1365/RAND_RR1365.pdf。

237. Roschelle, J., et al. (2017). *How Big Is That? Reporting the Effect Size and Cost of ASSISTments in the Maine Homework Efficacy Study.* SRI International.

238. Holmes, W., et. al. Technology-enhanced Personalised Learning, 65 & 68.

239. https://www.knewtonalta.com。

240. Hylén. J. (2006). "Open educational resources: Opportunities and challenges." *Proceedings of Open Education,* 49–63.

241. Paulheim, H. (2016). "Knowledge graph refinement: A survey of approaches and evaluation methods." , *Semantic Web* 8 (3): 489–508. https://doi.org/10.3233/ SW-160218。

242. Embretson, S.E. and Reise, S.P. (2013). *Item Response Theory.* Psychology Press.

243. https://www.aleks.com。

244. https://byjus.com。

245. https://www.century.tech。

246. https://www.cogbooks.com。

247. https://www.curriculumassociates.com/Products/i-Ready。

248. http://realizeitlearning.com。

249. https://www.smartsparrow.com。

250. https://www.summitlearning.org。

251. https://area9learning.com。

252. http://www.dreambox.com。

253. Fullerton, J. (2016). "Dreambox learning achievement growth in the Howard county public school system and rocketship education." Center for Educational Policy Research. https://cepr.harvard.edu/dreambox- learning-achievement-growth。

254. https://www.toppr.com。

255. http://www.classba.cn（译者注：即义学教育 - 松鼠 AI，网址变更为 http://www.Song shuai.com/）。

256. Carbonell, J.R., "AI in CAI." 190–202.

257. Evens, M. and Michael, J. (2006). *One-on-One Tutoring by Humans and Computers*. Psychology Press.

258. 同上：45.

259. Graesser, A,C., et al. (2001). "Intelligent tutoring systems with conversational dialogue." *AI Magazine* 22 (4): 39.

260. Graesser, A.C., et al.(2000). "Using latent semantic analysis to evaluate the contributions of students in AutoTutor." *Interactive Learning Environments* 8 (2): 129–47.https://doi.org/10.1076/1049-4820(200008)8:2;1-B;FT129. 潜在语义分析（LSA），由托马斯·兰道尔（Thomas Landauer, 科罗拉多大学）开发，最初用于索

引文档中的信息检索功能，该技术"不仅是一种人类知识表达的计算模型，也是一种从文本中提取相似语义单词和段落的方法。" Peter W. Foltz, Darrell Laham, and Thomas K. Landauer. (1999). "The intelligent essay assessor: Applications to educational technology." *Interactive Multimedia Electronic Journal of Computer-Enhanced Learning* 1(2). http://www.imej.wfu.edu/articles/1999/2/04/printver.asp。

261. Graesser, A.C. (2011). "Learning, thinking, and emoting with discourse technologies." *American Psychologist* 66 (8): 746–57. https://doi.org/ 10.1037/a0024974。

262. Wiemer-Hastings, P., et al.(1998). "The foundations and architecture of AutoTutor." *Intelligent Tutoring Systems.* Springer. 334–343. http://link. springer.com/chapter/10.1007/3-540-68716-5_39。

263. Nye, B.D., Graesser, A.C., and Hu, X.(2014). "AutoTutor and family: A review of 17 years of natural language tutoring." *International Journal of Artificial Intelligence in Education* 24 (4): 434 https://doi.org/10.1007/s40593-014-0029-5。

264. D'Mello, S. and Graesser, A. (2012). "AutoTutor and sffective AutoTutor: Learning by talking with cognitively and emotionally intelligent computers that talk back." *ACM Transactions on Interactive Intelligent Systems* (TiiS) 2 (4): 23.

265. VanLehn, "The relative effectiveness of human tutoring, intelligent tutoring systems, and other tutoring systems"; Nye, Graesser, and Hu, "AutoTutor and family."

266. https://www.ibm.com/watson/education。

267. Ventura, M., Chang, M., Foltz, P., Mukhi, N., Yarbro, J., Salverda, A. P.,… Afzal, S.(2018). "Preliminary evaluations of a dialogue-based digital tutor." In Carolyn, R.(ed.). *Proceedings of the 19th International Conference*. AIED 2018 London, UK, 480–483.

268. 主要基于该文献 Ventura et al., 482.

269. 例如，Bruner, J.S. (1961). "The Act of Discovery." Harvard Educational Review 31: 21–32.

270. Kirschner, P., Sweller, J., and Clark, R.E (2006). "Why minimal guidance during instruction does not work: An analysis of the failure of constructivist, discovery, problem-based, experiential, and inquiry-based teaching." *Educational Psychologist* 41 (2): 75–86.

271. Fratamico, L., et al.(2017). "Applying a framework for student modeling in exploratory learning environments: Comparing data representation granularity to handle environment complexity." *International Journal of Artificial Intelligence in Education* 27 (2): 321. https://doi.org/10.1007/s40593-016-0131-y。

272. 基于 du Boulay, et al.(2018). "What does the research say about how artificial intelligence and big data can close the achievement gap?" In *Enhancing Learning and Teaching with Technology*, Luckin, R.(ed.).Institute of Education Press, 316–27.

273. http://www.italk2learn.eu。

274. Rummel, N., et al.(2016). "Combining exploratory learning with structured practice to foster conceptual and procedural fractions knowledge." In Looi, C.K., Polman, J., Cress, U., and Reimann, P.(eds.) *Transforming Learning, Empowering Learners: The*

International Conference of the Learning Sciences 1: 58–65.

275. Leelawong, K. and Biswas, G.(2008). "Designing learning by teaching agents: The Betty's Brain system." *International Journal of Artificial Intelligence in Education* 18 (3): 181–208.

276. Biswas, G., et al. (2005). "Learning by teaching: A new agent paradigm for educational software." *Applied Artificial Intelligence* 19 (3–4): 363–92. https://doi.org/10.1080/08839510590910200。

277. Biswas, G., Segedy, J.R., and Bunchongchit, K. (2016). "From design to implementation to practice a learning by teaching system: Betty's Brain." *International Journal of Artificial Intelligence in Education* 26 (1): 350–364.

278. Jeong, H., et al. (2008). "Using hidden Markov models to characterize student behaviors in learning-by- teaching environments." In *Intelligent Tutoring Systems*, 614–25. https://doi.org/10.1007/978-3-540-69132-7_64。

279. http://projects.intellimedia.ncsu.edu/crystalisland。

280. Holmes, W. (2017). "Digital games-based learning. Time to adoption: Two to three years?" In *Education and New Technologies: Perils and Promises for Learners*. Sheehy, K. and Holliman, A.J. (eds.). Routledge.

281. Yannakakis, G.N. and Togelius, J.(2018). *Artificial Intelligence and Games*. Springer International Publishing. https://doi.org/10.1007/978-3-319-63519-4。

282. Bernardini, S., Porayska-Pomsta, K., and Smith, T.J. (2014). "ECHOES: An intelligent serious game for fostering social communication in children with autism." *Information Sciences* 264

(April): 41–60. https://doi.org/10.1016/ j.ins.2013.10.027。

283. Dias, J., and Paiva, A.(2005). "Feeling and reasoning: A Computational model for emotional characters." In *Progress in Artificial Intelligence*, 127–40. Springer. https://doi.org/10.1007/ 11595014_13。

284. Kardan, S. and Conati, C.(2015). "Providing adaptive support in an interactive simulation for learning: an experimental evaluation." In *Proceedings of the 33rd Annual ACM Conference on Human Factors in Computing Systems*, 3671–3680. https:// doi. org/10.1145/2702123.2702424。

285. Fujitani, S. and Minemura. K. (2017). "An analysis of expectations for artificial intelligence-supporting software in mobile learning." https:// www.researchgate.net/ publication/324537420_An_Analysis_of_Expectations_for_ Artificial_Intelligence-supporting_Software_in_Mobile_ Learninght。

286. 根据 John Behrens (Pearson)，自动写作评价领域是"机器学习取得进展的起点"。转引自：Johnson, S.(2018). *What Can Machine Learning Really Predict in Education?* https://www.edsurge.com/ news/2018-09-26-what-can-machine-learning-really-predict-in-education。

287. 案例包括 M-Write: https://lsa.umich.edu/sweetland/m-write. html。

288. 案例包括 Gradescope: https://www.gradescope.com。

289. https:// www.npr.org/ sections/alltechconsidered/2012/ 04/24/151308789/for- automatic-essay-graders-efficiency-

trumps-accuracy?t=1542533112695。

290. Dikli, S. (2006). "An overview of automated scoring of essays." The Journal of Technology, Learning and Assessment 5 (1). https://ejournals.bc.edu/ojs/ index.php/jtla/article/view/1640. Raczynski, K., and Cohen, A.(2018). "Appraising the scoring performance of automated essay scoring systems—some additional considerations: Which essays? Which human raters? Which scores?" *Applied Measurement In Education* 31 (3): 233–40. https://doi.org/10.1080/ 08957347.2018.1464449. 另参见 Hubert's "AI in education-automatic essay scoring." https://medium.com/ hubert-ai/ai-in-education-automatic-essay-scor ing-6eb38bb2e70。

291. Stevenson, M. and Phakiti, A.(2014). "The effects of computer-generated feedback on the quality of writing." *Assessing Writing* 19: 51–65.

292. Shermis, M. D. (2014). "State-of-the-art automated essay scoring: competition, results, and future directions from a United States demonstration." *Assessing Writing* 20 (April): 53–76. https://doi. org/10.1016/j.asw.2013.04.001。

293. Dikli, "An overview of automated scoring of essays," 5.

294. Shermis, M.D.(2014). "State-of-the-art automated essay scoring: Competition, results, and future directions from a United States demonstration." Assessing Writing 20: 53–76. https://doi. org/10.1016/j.asw.2013.04.001。

295. https://www.writetolearn.net。

296. Foltz. P.W. and Rosenstein, M. (2013). "Tracking student learning in a state-wide implementation of automated writing scoring." In

NIPS Workshop on Data Driven Education.

297. Kukich, K. (2000). "Beyond automated essay scoring." *IEEE Intelligent Systems.* https://doi.org/10.1109/5254.889104。

298. Whitelock, D., et al.(2013). "OpenEssayist: An automated feedback system that supports university students as they write summative essays." http:// oro.open.ac.uk/41844/。

299. https://www.edx.org。

300. Reilly, E.D., et al. (2014). "Evaluating the validity and applicability of automated essay scoring in two massive open online courses." *The International Review of Research in Open and Distributed Learning* 15 (5). http://www.irrodl. org/index.php/ irrodl/article/view/1857。

301. http://humanreaders.org/petition/index.php。

302. Much like the ongoing arms race between AI-generated fake news (such as https://www.technologyreview.com/s/610635/ fake-news-20-personalized-optimized-and-even-harder-to-stop) and AI tools to identify fake news (such as http:// adverifai.com).

303. http://www.gettingsmart.com/2018/08/32-ways-ai-is-improving-education。

304. http://www.altschool.com。

305. http://kidaptive.com。

306. Holstein, K., McLaren, B.M., and Aleven, V. (2018). "Student learning benefits of a mixed-reality teacher awareness tool in ai-enhanced classrooms." In *Artificial Intelligence in Education*, ed. Rosé, C. P., et al. https://doi.org/10.1007/ 978-3-319-93843-1_12。

307. Holstein, K., et al.(2018). "The classroom as a dashboard:

Co-designing wearable cognitive augmentation for K-12 teachers." In *Proceedings of the 8th International Conference on Learning Analytics and Knowledge—LAK '18.* https://doi.org/10.1145/3170358.3170377。

308. 有学者已经在一个设计用来教授线性方程的 ITS（名称为 Lynette）中对 Lumilo 进行了研究。Lynette 使用贝叶斯知识跟踪自适应地选择路径，并提供逐步的指导和反馈。参见：Aleven V., et al. (2016). "Example-tracing tutors: ntelligent tutor development for non-programmers." *International Journal of Artificial Intelligence in Education* 26(1): 224–269.

309. https://www.blog.google/products/pixel/pixel-buds。

310. http://www.startrek.com/database_article/universal-translator。

311. http://hitchhikers.wikia.com/wiki/Babel_Fish。

312. 这当然让人怀疑语言学习是否会变得像大规模记忆一样古怪？ CCR 将密切关注这一问题。目前我们的建议是，语言习得很重要，原因有三：首先，交流可以被会话应用中的翻译技术所取代，但对流畅性要求较高的会话可能无法取代。其次是文化理解，它可能需要以其他机制来教授。最后是认知上的益处，这一点研究尚未有明确的结论。这三个原因是否会像字母表发明之后的记忆术一样站不住脚呢？ 在这种情况下，CCR 的建议是，在语言习得的敏感时期，通过对多种语言的基本接触，可以很容易地为多语言习得打下基础。研究结果表明，语系较接近的两种语言可以较早掌握（例如，以英语为母语的人：在 2 岁前学习英语，同时在 2—3 岁前学习西班牙语或法语；既能掌握印欧语系，也能掌握日耳曼语系和拉丁语系）。而最大的收益将来自三分之一的人，这三分之一的人在语言上与另一个语系非常遥远，而且在文字方面（例如，汉语或阿拉伯语）则要在 7 岁之后学习。这里描述的技术可以帮助解决时间的关键问题。

313. https://www.memrise.com。

314. https://www.rosettastone.co.uk。

315. https://app.mondly.com。

316. https://www.babbel.com。

317. https://www.duolingo.com。

318. Ausubel, D.P., and Youssef, M. (1965). "The effect of spaced repetition on meaningful retention." *The Journal of General Psychology* 73: 147–50. https:// doi.org/10.1080/00221309.1965.97 11263。

319. Melton, A.W. (1970). "The situation with respect to the spacing of repetitions and memory." *Journal of Verbal Learning and Verbal Behavior* 9 (50): 596–606.

320. Duolingo 并不是唯一这样做的系统，但值得注意的是，他们进行了各种研究来优化该方法。

321. Leitner, S. (1995). *So Lernt Man Lernen: Angewandte Lernpsychologie—Ein Weg Zum Erfolg.* Herder.

322. E.g., Dale, R. (2016). "The return of the chatbots." *Natural Language Engineering* 22 (5): 811–817, and "Everything you ever wanted to know about chatbots (but were afraid to ask)." https://www.jisc.ac.uk/blog/everything-you-ever-wanted-to-know-about-chatbots-but-were-afraid-to-ask-08-oct-2018。

323. https://messenger.fb.com。

324. Wolf, M.J., Miller, K., and Grodzinsky, F.S. (2017). "Why we should have seen that coming: Comments on Microsoft's tay 'experiment,' and wider implications." *SIGCAS Comput. Soc.*

47 (3) 54–64. https://doi.org/10.1145/3144592.3144598.

325. 图灵测试，或者更准确地说是模仿游戏，是由艾伦·图灵（Alan Turing）设计的（他被公认为是现代计算和人工智能之父），用于判断人们是否认为计算机是智能的，"我相信，在大约五十年的时间里，将有可能为计算机编写程序，……使它们能够很好地进行模拟游戏，一般的审讯者在五分钟的讯问后作出正确辨认的概率不会超过70%"。Turing, A. (1950). "Computing machinery and intelligence." *Mind* 59 (236): 433–460.

326. 参见：https://www.extremetech.com/computing/269030-did-google-duplexs-ai- demonstration-just-pass-the-turing-test 以及 https://www.extremetech.com/ /269497-did-google-fake-its-google-duplex-ai-demo。

327. https://home.pandorabots.com。

328. https://www.techworld.com/picture-gallery/apps-wearables/platforms-for-developers-build-chatbots-3639106。

329. https://bb.klm.com/en。

330. https://www.tacobell.com/Tacobot。

331. https://www.your.md。

332. https://www.rbs.com/rbs/news/2016/03/rbs-installs-advanced-human-ai-to-help-staff-answer-customer-que.html。

333. https://hiremya.com。

334. https://www.sage.com/en-gb/products/pegg。

335. https://bots.kik.com/#/vspink。

336. https://www.pandorabots.com/mitsuku。

337. Fitzpatrick, K.K., Darcy, A., and Vierhile, M. (2017). "Delivering cognitive behavior therapy to young adults with symptoms of

depression and anxiety using a fully automated conversational agent (woebot): A randomized controlled trial." *JMIR Mental Health* 4. https://doi.org/10.2196/mental.7785。

338. https://www.virtualspirits.com/chatbot-for-university.aspx。

339. https://www.slu.edu/alexa/index.php。

340. 例如，迪肯大学（Deakin University）使用 IBM Watson 运行了一个学生服务支持聊天机器人：http://www.deakin.edu.au/about-deakin/media-releases/articles/ibm-watson-helps-deakin-drive-the-digital-Frontier，而香港公开大学（the Open University of Hong Kong）推出智能咨询系统（i-Counseling System）：https://library.educause.edu/resources/2012/5/case-study-9-the-open-university-of-hong-kong-the-icounseling-system。

341. Lundqvist, K.O., Pursey, G., and Williams, S. (2013). "Design and implementation of conversational agents for harvesting feedback in elearning systems." In *European Conference on Technology Enhanced Learning*, 617–618.

342. http://bots.duolingo.com。

343. Winkler, R. and Soellner, M. (2018). "Unleashing the potential of chatbots in education: A state-of-the-art analysis." *Academy of Management Proceedings* (1): 1–17.

344. http://www.aftabhussain.com/ada.html。

345. Heller, B., et al.(2005). "Freudbot: An investigation of chatbot technology in distance education." In *EdMedia: World Conference on Educational Media and Technology*, 3913–3918. https://pdfs.semanticscholar.org/ba80/d43699062892440f7e9adb6aea8e3ca1ddfe.pdf。

346. 例如，http://www.classvr.com。

347. https://edu.google.com/expeditions。

348. http://ossovr.com。

349. https://www.pottermore.com/news/new-expanded-fantastic-beasts-and-where -to-find-them-vr-experience-announced。

350. https://www.youtube.com/watch?v=Ay6g66FbkmQ。

351. https://www.peakfinder.org。

352. https://medmovie.com/augmented-reality-heart。

353. https://www.pokemongo.com/en-gb。

354. 例如，https://www.apple.com/uk/ios/augmented-reality, https://www.samsung. com/global/galaxy/galaxy-s9/augmented-reality and https:// ametroslearning.com。

355. Dede, C., et al. (2017). "Virtual reality as an immersive medium for authentic simulations." https://doi.org/10.1007/978-981-10-5490-7_8。

356. Jimenez, Y.A., et al.(2018). "Patient education using virtual reality increases knowledge and positive experience for breast cancer patients undergoing radiation therapy." *Supportive Care in Cancer* 26 (8): 2879–88. https:// doi.org/10.1007/ s00520-018-4114-4。

357. McGuire, L.S. and Alaraj, A.(2018). "Competency assessment in virtual reality- based simulation in neurosurgical training." In *Comprehensive Healthcare Simulation: Neurosurgery.* Springer.153–157.

358. Baierle, I.L.F., Gluz ,J.C.(2018) "Programming intelligent embodied pedagogical agents to teach the beginnings of industrial revolution." In Nkambou, R., Azevedo, R., Vassileva, J.

(eds.) *Intelligent Tutoring Systems. Lecture Notes in Computer Science* 10858. Springer. https://doi.org/10.1007/978-3-319-91464-0_1。

359. Stavroulia, K.E., et al.(2018). "Designing a virtual environment for teacher training: Enhancing presence and empathy." In *Proceedings of Computer Graphics International 2018 on CGI 2018.* ACM Press. https://doi.org/10.1145/3208159. 3208177。

360. http://ecolearn.gse.harvard.edu。

361. 参见：Dede et al. (2017)，在文中，他们深入讨论了虚拟现实在模拟环境中的潜力和局限性，并提出了一些有效实施的有用原则。

362. Behmke, D., et al. (2018) "Augmented reality chemistry: Transforming 2-D molecular representations into interactive 3-D structures." *Proceedings of the Interdisciplinary STEM Teaching and Learning Conference* 2(1). https://doi.org/ 10.20429/ stem.2018.020103。

363. Efstathiou, I., Kyza, E.A., and Georgiou, Y. (2018). "An inquiry-based augmented reality mobile learning approach to fostering primary school students' historical reasoning in non-formal settings." *Interactive Learning Environments* 26 (1): 22–41. https:// doi.org/10.1080/10494820.2016.1276076。

364. Tobar-Muñoz, H., Baldiris, S. and Fabregat, R.(2017) "Augmented reality game-based learning: Enriching students' experience during reading comprehension activities.*Journal of Educational Computing Research* 55(7).http://journals. sagepub.com/ doi/10.1177/0735633116689789。

365. Radu, J. (2014) "Augmented reality in education: A meta-review and cross-media analysis." *Personal and Ubiquitous Computing* 18

(6): 1533–1543.

366. 例如，Nepris（https://www.nepris.com）与 Educurious (https://educurious.org)，他们都支持学校与来自世界各地的专家建立联系，将行业视角带入课堂。可开展的活动包括互动问答环节、虚拟实地考察和项目指导。

367. Holmes, W., et al. *Technology-Enhanced Personalised Learning.*

368. http://slp.bnu.edu.cn (Note: Only accessible to students and faculty who have an account.)。

369. 令人担忧的是，我们提到的开发人员之一已经提出他们的 AIED 很复杂，这意味着教师只需要扮演辅助角色，就像快餐厨师（"肯德基式"）一样严格地工作、规范脚本。

370. One intriguing use of AI in education that we will not consider in detail, because its efficacy has not yet been demonstrated, but that should still be acknowledged is the automatic generation of quiz questions (https://mt.clevere.st and https://learningtools.donjohnston.com/product/quizbot).

371. Luckin, R., et al. (2017). *Solved! Making the Case for Collaborative Problem -Solving.* Nesta. https://www.nesta.org.uk/report/solved-making-the-case-for- collaborative-problem-solving/。

372. 瓦伦西亚理工大学 (Universitat Politecnica de Valencia) 一直在研究这样一个系统：Alberola, J.M., del Val, E., Sanchez-Anguix, V., Palomares, A., and Teruel, M.D. (2016). "An artificial intelligence tool for heterogeneous team formation.

373. 例如，Diziol, D., et al. (2010). "Using intelligent tutor technology to implement adaptive support for student collaboration." Educational Psychology Review 22 (1): 89–102. https://doi.

org/10.1007/s10648-009-9116-9 以及 Spikol, D., et al. (2016). "Exploring the interplay between human and machine annotated multimodal learning analytics in hands-on stem activities." In *Proceedings of the Sixth International Conference on Learning Analytics & Knowledge*. 522–523.

374. Goel, A.K., and Joyner, D.A. (2017). "Using AI to teach AI: Lessons from an online AI class." *AI Magazine* 38(2): 48.https://doi.org/10.1609/aimag.v38i2. 2732。

375. Gunzelmann, B.G. (2005). "Toxic testing: It's time to reflect upon our current testing practices." *Educational Horizons* 83 (3): 214.

376. https://curriculumredesign.org/wp-content/uploads/Evolving-Assessments-for- the-21st-Century-Report-Feb-15-Final-by-CCR-ARC.pdf。

377. Rose Luckin 引用自 https://www.jisc.ac.uk/news/the-ai-revolution-is-here- 17-aug-2018。

378. 例如，http://tesla-project.eu。

379. Luckin, R. (2017). "Towards artificial intelligence-based assessment systems." *Nature Human Behaviour* 1.https://doi.org/10.1038/s41562-016-0028。

380. 根据作者的美国专利号 9262640 和 9582567，这些专利也保护隐私和安全。

381. Sharples, M. and Domingue, J. (2016). "The blockchain and kudos: A distributed system for educational record, reputation and reward." In *European Conference on Technology Enhanced Learning*. Springer. 490–496.

382. 南加州大学多年来一直在研究这种应用程序：http://ict.usc.edu/

prototypes/ personal-assistant-for-life-long-learning-pal3。

383. https://www.theatlantic.com/magazine/archive/2018/
11/alexa-how-will-you-change-us/570844/。

384. World Economic Forum. (2015). New Vision for Education:
Unlocking the Potential of Technology.World Economic Forum.

385. Trilling, B. and Fadel, C.(2012). *21st Century Skills: Learning for Life
in Our Times.* John Wiley & Sons.

386. Fadel, C., Bialik, M., and Trilling, B.(2015). *Four-Dimensional
Education: The Competencies Learners Need to Succeed.* Center for
Curriculum Redesign.

387. Luckin. R., et al. *Intelligence Unleashed*, 11.

388. Luckin, R., and Holmes, W. (2017). "A.I.is the new T.A. in the
classroom." *How We Get To Next.* https://howwegettonext.com/
a-i-is-the-new-t-a-in-the-classroom -dedbe5b99e9e。

389. Mayer-Schonberger, V.and Cukier, K.(2013). *Big Data: A Revolution
That Will Transform How We Live, Work and Think.* John Murray.

390. 想要了解学习分析和教育数据挖掘之间的异同点的读者，可能有
兴趣阅读本尼迪克特·杜·布雷（Benedict du Boulay）等人的著
作"关于人工智能和大数据如何缩小成就差距，研究表明了什么？"
（What does the research say about how artificial intelligence
and big data can close the achievement gap?），转引自：Luckin,
R. (ed.) (2018). *Enhancing Learning and Teaching with Technology.*
Institute of Education Press, 316–27; or Siemens, G., and Baker,
R.S.J.d.. (2012). "Learning analytics and educational data mining:
Towards communication and collaboration." In *Proceedings of the
2nd International Conference on Learning Analytics and Knowledge,*

252–254. http://dl.acm.org/citation.cfm?id=2330661。

391. Siemens, G. (2011). "1st International conference on learning analytics and knowledge 2011: Connecting the technical, pedagogical, and social dimensions of learning analytics. https://tekri.athabascau.ca/analytics/about。

392. 这让人想起巨蟒剧团的《布莱恩的生活》："布莱恩：你是犹太人民阵线的人吗？雷格：滚开！布莱恩：什么？雷格：什么犹太人民阵线。我们是犹太人民阵线的！我们是犹太人民的领导。别叫错了。" http://montypython.50webs.com/scripts/Life_of_Brian/8.htm。

393. du Boulay, et al., "What does the research say about how artificial intelligence and big data can close the achievement gap?" 270.

394. 参见：Herodotou, C., et al. (2017). "Predictive modelling for addressing students' attrition in higher education: The case of OU analyse." http://oro.open.ac.uk/49470/ and https://analyse.kmi.open.ac.uk。

395. 参见：Astle, D.E., Bathelt, J. and Holmes, J. (2018). Remapping the cognitive and neural profiles of children who struggle at school." Developmental Science. https://doi.org/10.1111/desc.12747 and, for a short summary, https://www.open colleges. edu.au/informed/learning-strategies/artificial-intelligence-identifies-students-struggle-school。

396. Conole, G. (2012). *Designing for Learning in an Open World* (v.4). Springer Science & Business Media.https://books.google.co.uk/books?hl=en&lr=&id=gjHN lbc1BMYC&oi=fnd&pg=PR5&dq=Designing+for+learning+in+an+open+world+&ots=SwmKc5sSR3&sig=9RUsYFxOKFtZkfxj85WsLkJGcKc。

397. 例如，Cross, S., et al. (2012). "OULDI-JISC project evaluation report: The impact of new curriulum design tools and approaches on institutional process and design cultures." http://oro.open. ac.uk/34140/; Laurillard, D., et al. (2013). "A constructionist learning environment for teachers to model learning designs." Journal of Computer Assisted Learning 29 (1): 15–30; Dalziel, J.(ed.), Learning Design. Routledge.

398. 早期该类技术的案例包括 Holmes, W.(2013). "Level up! A design-based investigation of a prototype digital game for children who are low-attaining in mathematics." (Unpublished PhD thesis, University of Oxford) 以及 Rummel, N., et al.(2016). "Transforming learning, empowering learners." *The International Conference of the Learning Sciences 1.*

399. 例如，"Machine learning: universities ready students for AI revolution" https://www-timeshighereducation-com. libezproxy.open.ac.uk/news/broader-four-year-degrees-offered-in-response-to-ai-revolution and "The most important skills for the 4th industrial revolution? Try ethics and philosophy." https://www.edsurge.com/news/2018-10-06-the-most-important-skills-for-the-4th -industrial-revolution-try- ethics-and-philosophy。

400. Holmes, W., et al.(2018). "Ethics in AIED: Who cares?" In Artificial Intelligence in Education (ed.Rosé,C.P.,et al.).19th International Conference Proceedings, Part II. https://doi. org/10.1007/978-3-319-93846-2。

401. Cuban, L.(2001).*Oversold and Underused: Computers in the*

Classroom. Harvard University Press.

402. "几乎所有的教育技术都很糟糕，机器学习对此并不能有所改善"〔阿尔埃萨，麦格芬·希尔教育（Al Essa, McGraw- Hill Education）〕；"我无法想象一个孩子坐在 Alexa 前面并且能够学到什么，因为他们需要学习的是另外一组线索，我认为机器学习还不能达到该层次"〔雅内尔·格兰特（Janel Grant）〕。均引自：Johnson, S.(2018). "What can machine learning really predict in education?" *EdSurge*. https://www.edsurge.com/news/2018-09-26-what-can-machine-learning-really-predict-in-education。

403. *The Independent*, May 2018. https://ind.pn/2InMfGf。

404. Holmes, W., et al. *Technology-Enhanced Personalised Learning*, 65 and 68.

405. Schomaker, J. and Meeter, M. (2015). "Short- and long-lasting consequences of novelty, deviance and surprise on brain and cognition." *Neuroscience & Biobehavioral Reviews*. https://doi.org/10.1016/j.neubiorev.2015.05.002。

406. Douglas, L. (2017). "AI is not just learning our biases; it is amplifying them." *Medium*. https://medium.com/@laurahelendouglas/ai-is-not-just-learning-our -biases-it-is-amplifying-them-4d0dee75931d。

407. 授受主义（Instructionism）是"建立在认知学习理论之上，以教师主导的教学为中心。授受主义的观点认为，必须不断改进教学以达到更好的学习效果"。Seel, N.M., ed. (2012) *Encyclopedia of the Sciences of Learning*. Springer.

408. Mubeen, J.(2018). "When 'personalised learning' forgets to be personalised." *Medium*. https://medium.com/@fjmubeen/when-

personalised-learning-forgets-to -be-personalised-48c3558e7425。

409. Gagné, *Conditions of Learning and Theory of Instruction.*

410. Dean Jr., D. and Kuhn D. (2007). "Direct instruction vs. discovery: The long view." *Science Education* 91. https://doi.org/10.1002/sce.20194。

411. 例如，https://www.theatlantic.com/magazine/archive/2018/11/alexa-how-will- you-change-us/570844/。

412. Gitelman, L., et al. (2013). *"Raw Data" Is an Oxymoron*. MIT Press.

413. "数据很容易获取，但是却包含了太多偏见。"John Behrens (Pearson) 引自 Johnson, What Can Machine Learning Really Predict in Education? https://www.edsurge.com/ news/2018-09-26-what-can-machine-earning-really-predict-in-education。

414. "科技公司希望能够监测你的情绪和表情，但是人们对此并不感冒。"https://theconversation.com/tech-firms-want-to-detect-your-emotions-and-expressions-but-people-dont-like-it-80153。

415. Rose Luckin 转引自 https://www.jisc.ac.uk/news/the-ai-revolution-is-here-17 -aug-2018。

416. du Boulay, B. "Artificial intelligence as an effective classroom assistant." *IEEE Intelligent Systems* 31. https://doi.org/10.1109/MIS.2016.93。

417. https://www.summitlearning.org。

418. 陈-扎克伯格（Chan Zuckerberg）倡议资助了Summit Learning项目，并对这些说法提出了异议。https://www.washingtonpost.com/education/2018/11/17/students-protest-zuckerberg-backed-digital-earning-program-ask-him-what-gives-you-this-right/?noredirect=on&utm_term=.27d5e322ac1c。

419. 至少有一家 ITS 公司似乎试图将他们的产品推销到学校，因为教师不确定为什么要运用技术替代教师们应该做的工作。

420. https://www.linkedin.com/pulse/10-jobs-safe-ai-world-kai-fu-lee. 另见，"Intelligent machines will replace teachers within 10 years, leading public school head teacher predicts." https://www.independent.co.uk/news/education/ educatioy-sheldon-wellinn-news/intelligent-machines-replace-teachers-lassroom-10-years-ai-robots-sir-anthongton-a7939931.html; "Could artificial intelligence replace our teachers?" https://www.educationworld.com/could- artificial-intelligence-replace-our-teachers; 及 "Why artificial intelligence will never replace teachers," https://www.thetechedvocate.org/ artificial-ntelligence-will-never-replace-teachers。

421. 正如我们在前面提到的，一位 ITS 开发人员认为，AIED 的复杂性意味着教师只需要扮演辅助角色，像快餐厨师（肯德基式）一样严格按照管理文本执行。

422. https://www.telegraph.co.uk/news/2018/05/17/chinese-school-uses-facial- recognition-monitor-student- attention/。

423. https://https://www.telegraph.co.uk/technology/2018/12/15/children-young-5-risk-spied-webcams- using-school-software。

424. Kelly, S., Olney, A.M., Donnelly, P., Nystrand, M., and D'Mello. S.K. (2018). "Automatically measuring question authenticity in real-world classrooms." *Educational Researcher* 47. https://doi.org/10.3102/0013189X 18785613。

425. 例如，https://www.algebranation.com。

426. "How (and why) ed-tech companies are tracking students'

feelings." https:// mobile.edweek.org/c.jsp?cid=25919761&bcid=
25919761&rssid=25919751&item=http%3A%2F%2Fapi.edweek.
org%2Fv1%2Few%2Findex.html%3Fuuid=C08929D8-6E6F-11E8-
BE8B-7F0EB4743667。

427. Jane Robbins, American Principles Project Foundation, quoted in
preceding note, "How (and why) ed- tech companies are tracking
students' feelings."

428. "FaceMetrics lands $2 million to gamify kids'screen time and
track immersion with AI." https://venturebeat.com/2018/06/13/
facemetrics-lands-2-million-to- gamify-kids-screen-time-and-track-
immersion-with-ai。

例如，https://www.bbc.co.uk/news/technology-46206677：
"A controversial health app developed by artificial intelligence
firm DeepMind will be taken over by Google……"律师兼隐私专
家茱莉亚·鲍尔斯（Julia Powles）说道："DeepMind 反复地、无
条件地承诺，'永远不会将人们的隐私、可识别的健康数据与谷歌连
接起来'。现在宣布……正是如此。这不是透明度，这是破坏信任。"

429. 皮尤研究中心最新研究调查发现："当（算法）被应用于各种现实
生活场景时，公众常常持有怀疑态度。……（有）58% 的美国人
（正）认为计算机程序往往会反映某种程度的人类偏见。"http://
www.pewinternet.org/2018/11/16/public-attitudes-toward-
computer -algorithms/。

430. "随着算法在社会中发挥着越来越广泛的作用，实现自动决策——
或者至少能够影响决策——决定了某人是否得到工作，或某人
如何看待自己的身份，一些研究人员和产品开发人员发出警告，
数据驱动的产品不像科学措辞那样中立，我们不能简单选择相

信。"Kathryn Hume, integrate.ai, 引自 "AI needs debate about potential bias," by Carole Piovesan,https://www.lawtimesnews. com/article/ai-needs-debate-about- potential-bias-15180. 另见, The Fairness Toolkit, https://unbias.wp.horizon. ac.uk/fairness-toolkit。

431. 举个有趣的例子，一所名牌大学的硕士撰写的毕业论文，一位教授将其评为优秀，另一位则认为尚未达到毕业标准。

432. 从另一角度来看，加州大学洛杉矶分校（UCLA）的法学教授尤金·沃洛（Eugene Volokh）认为"如果一组成员认为计算机所写观点与人类法官所提出的观点相一致，或者甚至更好，人们就应当接受计算机……"(https://www.axios.com/artificial-intelligence-judges- 0ca9d45f-f7d3-43cd-bf03- 8bf2486cff36.html)。

433. 例如，Ada Lovelace Institute (https://www.adalovelaceinstitute. org), AI Ethics Initiative (https://aiethicsinitiative.org), AI Ethics Lab (http://www. aiethicslab.com), AI Now(https:// ainowinstitute.org), DeepMind Ethics and Society(https:// deepmind.com/applied/deepmind-ethics-society), 以及 the Oxford Internet Institute (https://www.oii.ox.ac.uk/blog/can-we-teach- morality-to-machines-three-perspectives-on-ethics-for-artificial-intelligence)。另参见：Winfield, Alan F. T., and Jirotka, M. (2018). "Ethical governance is essential to building trust in robotics and artificial intelligence systems." Phil. Trans. R. Soc. A 376. https://doi.org/10.1098/rsta.2018.0085. 又见："Top 9 ethical issues in artificial intelligence." https://www.weforum.org/agenda/ 2016/10/ top-10-ethical-issues-in-artificial-intelligence "Establishing an AI code of ethics will be harder than people think."

https://www.technologyreview.com/ s/612318/establishing-an-ai-code-of-ethics-will-be-harder-than-people-think. 又见: Willson, M. (2018). "Raising the ideal child? Algorithms, quantification and prediction." Media, Culture & Society, 5. https://doi.org/10.1177/01634437 8798901。

434. Tarran, B. (2018). "What can we learn from the Facebook–Cambridge Analytica scandal?" *Significance* 15(3): 4–5.

435. 请见: Miller, T. (2019). "Explanation in artificial intelligence: Insights from the social sciences." *Artificial Intelligence* 267. https://doi.org/ 10.1016/j.artint.2018.07.007。

436. "You and AI–, achine learning, bias and implications for inequality." https://royalsociety.org/science-events-and-lectures/2018/07/you-and-ai- equality。

437. OED. (2018). "artificial intelligence, n." *OED Online.* http://www.oed.com/view/ Entry/271625。

438. John R. Searle. (1980). "Minds, brains, and programs." *Behavioral and Brain Sciences* 3 (3): 417–424.

439. A. M Turing. (1950). "Computing machinery and intelligence." *Mind* 59 (236): 433–460.

440. Marvin Minsky (1968) quoted by Blay Whitby in (1996) *Reflections on Artificial Intelligence.* Intellect Books, 20.

441. "artificial intelligence." In (2016).*A Dictionary of Computer Science.* Butterfield, A. and Ngondi, G.E. Oxford University Press. http://www.oxford reference.com/view/10.1093/ acref/9780199688975.001.0001/acref-9780199688975-e-204.

442. Russell and Norvig, *Artificial Intelligence.*

443. Engelbart, D. C. (1962). "Augmenting human intellect: A conceptual framework." Prepared for the Air Force Office of Scientific Research. Stanford Research Institute.https://www. dougengelbart.org/pubs/augment-3906.html。

444. Cerf, V.G. "Augmented Intelligence." *IEEE Internet Computing* 17. https://doi. org/10.1109/MIC.2013.90。

445. Pasquinelli, M.(2014). "Augmented intelligence, critical keywords for the digital humanities." http://cdckeywords. leuphana.com/augmented_intelligence。

446. https://www.weforum.org/agenda/2017/01/forget-ai-real-revolution-ia。

447. Ashby, W.R.(1956). *An Introduction to Cybernetics.* Chapman & Hall Ltd.

448. Case, N. (2018). "How to become a centaur." *Journal of Design and Science.* https://doi.org/10.21428/61b2215c。

449. Crevier, D. (1993). *AI: The Tumultuous History of the Search for Artificial Intelligence.* Basic Books.

450. Weizenbaum, J.(1966). "ELIZA—a computer program for the study of natural language communication between man and machine." *Communications of the ACM* 9 (1): 36–45.

451. Weizenbaum, J.(1976).*Computer Power and Human Reason: From Judgment to Calculation.* Freeman.

452. Feigenbaum, E.A. (1992). "Expert systems: Principles and practice." In *The Encyclopedia of Computer Science and Engineering.*

453. Shortliffe, E.H., et al.(1975). "Computer-based consultations in clinical therapeutics: Explanation and rule acquisition capabilities

of the MYCIN system." *Computers and Biomedical Research* 8 (4): 303–320.

454. Crevier, *AI*, 198.

455. Cooke,N.J.(1994) "Varieties of knowledge elicitation techniques." *International Journal of Human-Computer Studies* 41 (6): 801–849.

456. Crevier, *AI*, 89.

457. Russell and Norvig, *Artificial Intelligence*, 21.

458. Winograd, T. (1980). "What does it mean to understand language?" *Cognitive Science* 4 (3): 209–241.

459. Lighthill, J.(1973). "Lighthill report: Artificial intelligence: A paper symposium." Science Research Council.http://www.math. snu.ac.kr/~hichoi/ infomath/Articles/Lighthill Report.pdf。

460. 希望了解更多人工智能历史的读者可能会喜欢 Daniel Crevier 的 *AI: The Tumultuous History of the Search for Artificial Intelligence*, 或传播甚广的 Russell Norvig 的 *Artificial Intelligence* 第一章。

461. http://edition.cnn.com/2006/TECH/science/07/24/ ai.bostrom/index.html (Professor Nick Bostrom, director of the Future of Humanity Institute, University of Oxford)。

462. 例如，https://www.mailwasher.net which uses Bayesian techniques to learn which emails are spam and which are not.

463. https://www.microsoft.com/en-us/cortana。

464. https://help.netflix.com/en/node/9898。

465. https://www.duolingo.com。

466. https://store.google.com/gb/product/google_home。

467. https://www.amazon.com/b/?ie=UTF8&node=9818047011。

468. https://www.bbc.co.uk/news/av/technology-45361794/how-

artificial- intelligence-can-edit-your-pictures。

469. https://www.nytimes.com/2012/06/26/technology/in-a-big-network-of-computers- evidence-of-machine-learning.html?_r=1。

470. 脸书引入了一个 9 层的深度人工智能神经网络，包含超过 1.2 亿个参数，用于识别（而不仅仅是检测）时间轴照片中的人脸。它在 400 万张图像的数据集上训练。

471. https://www.ft.com/content/36933cfc-620c-11e7-91a7-502f7ee26895 以及 https://www.bbc.co.uk/news/technology-46055595。

472. 例如，http://bbcnewslabs.co.uk/projects/juicer。

473. 例如，https://narrativescience.com/Products/Our-Products/Quill。

474. 例如，https://www.washingtonpost.com/pr/wp/2016/08/05/the-washington-post- experiments-with-automated-storytelling-to-help-power-2016-rio-olympics-coverage/?utm_term=.e22f1adbfd5d。

475. 例如，https://www.perspectiveapi.com。

476. 例如，https://www.graphiq.com。

477. 例如，https://www.theguardian.com/help/insideguardian/2016/nov/07/introducing -the-guardian-chatbot。

478. 例如，http://adverifai.com。

479. 例如，https://www.technologyreview.com/s/610635/fake-news-20-personalized- optimized-and-even-harder-to-stop。

480. https://www.unilad.co.uk/featured/the-real-reason-pornhub-has-banned- deepfakes。

481. https://www.ft.com/content/8e63b372-8f19-11e8-b639-7680cedcc421。

482. https://talkingtech.cliffordchance.com/en/emerging-technologies/artificial-/ai-and-the-future-for-legal-services.html。

483. McGovern, A., et al. (2017). "Using artificial intelligence to improve real-time decision-making for high-impact weather." *Bulletin of the American Meteorological Society* 98. https://doi.org/10.1175/BAMS-D-16-0123.1。

484. http://www.theweathercompany.com/DeepThunder。

485. https://www.techemergence.com/ai-for-weather-forecasting。

486. Hosny, A., et al. (2018). "Artificial intelligence in radiology." *Nature Reviews Cancer* 18. https://doi.org/10.1038/s41568-018-0016-5。

487. https://ai.googleblog.com/2016/11/deep-learning-for-detection-of-diabetic.html, 以及 https://www.google.co.uk/about/stories/seeingpotential。

488. https://www.babylonhealth.com。

489. https://aws.amazon.com/machine-learning。

490. https://www.tensorflow.org。

491. https://www.ibm.com/watson。

492. https://azure.microsoft.com。

493. Readers wishing to learn more about AI techniques might be interested in Russell and Norvig, Artificial Intelligence; and Domingos, P. (2017). *The Master Algorithm: How the Quest for the Ultimate Learning Machine Will Remake Our World.* Penguin.

494. Goertzel, B. and Pennachin, C.(eds.).(2007). *Artificial General Intelligence, Cognitive Technologies.* Springer.

495. 例如，https://opencog.org。

496. Kurzweil, R.(2006).*The Singularity Is Near: When Humans Transcend Biology.* Duckworth.

497. Vinge, V.(1993). "Vernor Vinge on the singularity." Presented at VISION-21 Symposium Sponsored by NASA Lewis Research Center and the Ohio Aerospace Institute."

498. Bostrom, N.(2016).*Superintelligence: Paths, Dangers, Strategies.* Oxford University Press.

499. E.g., Hawking. S., et al. (2014). "Transcendence looks at the implications of artificial intelligence—but are we taking AI seriously enough?" *The Independent.* http://www.independent.co.uk/news/science/stephen-hawking-transcendence-looks-at-the-implications-of-artificial-intelligence--but-are-we-taking-ai-seriously-enough-9313474.html。

500. Müller, V.C. and Bostrom, N.(2016). "Future progress in artificial intelligence: A survey of expert opinion." In *Fundamental Issues of Artificial Intelligence.* Springer, 553–570.http://link.springer.com/chapter/10.1007/ 978-3-319-2648 -1_33。

501. https://en.oxforddictionaries.com/definition/algorithm。

502. Turing, A.(1952). "The chemical basis of morphogenesis." *Philosophical Transactions of the Royal Society* 237 (641): 37–72.

503. 虽然大多数翻译方法都需要已经翻译好的匹配文本的语料库，但脸书人工智能的研究人员一直在探索一种只需要这两种语言的文本，但不必匹配的方法（即，不同的文本）。

504. Samuel, A.L.(1959). "Some Studies in Machine Learning Using the Game of Checkers." *IBM Journal of Research and Development* 3 (3): 210–229.

505. 506https://www.theguardian.com/technology/2016/mar/15/ googles-alphago-seals-4-1-victory-over-grandmaster-lee-sedol。

506. 有趣的是，机器学习的起源至少可以追溯到 1959 年，即 "Some Studies in Machine Learning Using the Game of Checkers" 的发表之日，前文引用过该论文。

507. Russell and Norvig, Artificial Intelligence, 708.

508. 一个领先的人工智能服务平台上列有全部可用算法的列表，Microsoft Azure，可访问 http://download.microsoft.com/download/A/6/ 1/A613E11E-8F9C-424A-B99D-65344785C288/microsoft-machine-learning-algorithm-cheat-sheet-v6.pdf。

509. Russell and Norvig, *Artificial Intelligence,* 708.

510. Russell and Norvig, *Artificial Intelligence,* 708.

511. Löwel, S. and Singer, W. (1992). "Selection of intrinsic horizontal connections in the visual cortex by correlated neuronal activity." *Science* 255 (5041): 209–12.

512. O'Neil, C. (2017).*Weapons of Math Destruction.*

513. Morcos, A.S., et al. "On the importance of single directions for generalization." ArXiv.org. http://arxiv.org/abs/1803.06959。

514. Charles Darwin. (1869). *On the Origin of Species by Means of Natural Selection: Or the Preservation of Favoured Races in the Struggle for Life.* D. Appleton.

515. https://en.wikipedia.org/wiki/Genetic_algorithm。

516. 也可在 Vimeo 播客网站观看：http://bit.ly/CCRintrovideovimeo。

译后记

　　AI 是当今学术界、产业界的重大热点，甚至已经上升到国家战略层面的高度。2017 年，中国政府发布《新一代人工智能发展规划》；2018 年，教育部发布《高等学校人工智能创新行动计划》，对促进人工智能与教育融合发展作出了新思考与新展望。尤其是 2019 年 5 月，在北京召开了国际人工智能与教育大会，国家主席习近平向大会致信祝贺，时任教育部长陈宝生作主旨报告。这是教育界乃至整个学术界最高规格的研讨会，充分展现了国家、学术界对于人工智能的重视。

　　AI 的发展需要基础理论研究的支撑，即对算法、神经网络、机器学习、自然语言处理等方面形成突破；AI 的发展也需要应用的驱动，从业务需求上推动 AI 的实施、应用和落地。对于教育界来说，最迫切的任务当然是培养各层次的 AI 研究、设计、开发、应用人才，这需要在学科专业、师资队伍、教学研究资源建设上加大投入，而这也是政府各项规划、计划的重点所在。但从更广阔的视角看，基础教育、非 AI 相关学科专业的高等教育应该如何应对 AI 发展带来的挑战？如何提出合适的 AI 需求呢？这需要以长远的眼光，从 2035 年乃至更长远的未来审视今天的教育。

　　教育的发展，始终受益于技术，尤其是媒体技术的发展。造纸术、印刷术的发明，让知识得以书写、留存、传播，摆脱了口耳相传的制约；广播电视以及其背后声音影像技术、无线传播技术的发明，让教育摆脱了空间、时间的制约，更丰富了知识传播的形态；互联网、数字媒体技术、智能移动设备进一步拓展了远程教育、异步教育，并增强了其互动性、实时性。事实上，每一次技术革新都会让教育界充满信心，也会让教育工作者充满担忧。教育界始终抱有开放革新的观念，积极运用技术改革教学。据统计，1925 年，广播发明之初，美国 36% 的电台都是由教育机构设立的。1994 年，清华大学等六所高校共同建设的中国教育和科研计算机网接入互联网，这也是中国第一批接入互联网的单位。而技术的发展和应用，不仅要求教育工作者不断进步，似乎还带来取代教师、削减教师岗位的危机，甚至出现了"学校消亡论"。尤其是 2012 年被称为中国的"慕课元年"，中国慕课建设高速发展，给传统教学行业、教育工作者带来了巨大的冲击，一时间教师角色转变、教师被慕课替代的观点广泛传播。新一轮 AI 技术的发展同样如此，AI 对教育有怎样的冲击，教育界应作出哪些应对？教师需要如何主动创新，应用 AI 技术？这都值得我们深入思考。

AI 技术以及相关的一系列科技革命成果，都是先进生产力的代表。技术是人创造的，技术是为人服务的，当机器能够做人做的事情，尤其是人脑能做的事情之后，那么，人去干什么呢？当然不是去做机器本来就会做的事情，而是腾出精力来单独做机器还不会做的事情，或者同机器协同互补更快更好地做事情。技术本身不是目的，而是达到目的的一种手段，是实现学生全面发展的助推器、加速器。课堂教学创新，不仅仅是由于技术本身具有神奇妙用，更是因为技术进步推动了学习与教学要素的转变。

本书以思考 AI 时代课程内容更新为核心，回答了如何应对 AI 对教育的影响的问题；以现有的教育 AI 技术介绍为核心，回答了如何应用、发展教育 AI 的问题。这两个问题，让本书两个部分相互独立而又密切联系。第一部分聚焦"学什么"，从未来 AI 技术下社会发展对人才需求的变革角度，重新审视了当代教育应该培养哪些素养、能力与品质，应该如何增减教育内容。该部分最重要的是提出了"核心概念"这一未来教育的关键点。"核心概念"是连接理论与实践、学校与社会、历史与未来、书本与生活的纽带，是知行合一的基础，更是未来教育的核心，因此教育内容、实践运用应该围绕核心概念组织展开。这一思想贯穿了整个上半部分。教育理论研究者，尤其是学习科学、课程与教学论的研究者，教育政策研究与制定者，以及高校学科专业负责人可能更为关注本部分。

本书第二部分聚焦"怎么学"，对现有的教育 AI 进行了系统介绍，也对未来教育 AI 发展进行了展望。更难能可贵的是，该部分的最后，还分析了教育 AI 可能存在的问题甚至负面影响，帮我们更全面地认识教育 AI。本书译者长期以来一直希望能够对现有教育软件、APP 应用进行梳理，形成一个手册，帮助教师、学生介绍一些有益的教育软件，避免不必要的摸索。该部分内容可以说在很大程度上完成了这一工作，尤其是介绍了最先进的利用 AI 技术设计开发的教育软件与相关应用。本部分内容可能更受教师、学生、家长，以及教育管理者、教育技术开发设计人员的喜爱，尤其对有志于教育 AI 的创业者是必不可少的手册。

总而言之，本书是教育 AI 技术应用的历史总结与前景展望，是未来教育应该如何应对社会发展、技术进步的理论探索。所有热爱教育、关心教育的人，都能够从本书中获益良多。本书是课程再设计中心仅有的两部专著之一。前一部《四个维度的教育——学习者迈向成功的必备素养》（*Four-Dimensional Education:The Competencies Learners Need to Succeed*）英文版出版于 2015 年，在学界引发了强烈反响。华东师范大学出版社曾引进翻译该书，并于 2017 年出版了中文版。而《教育中的人工智能：前景与启示》是课程再设计中心 2019 年最新出版的又一力作，盛群力教授同华东师范大学出版社携手积极联系，于第一时间向课程再设计中心主席菲德尔争取到了中文简体字版权。

浙江大学盛群力教授领导的本团队，多年来重视追踪和译介国际最新教学设计／学习科学的理论与应用专著，已出版了"当代前沿教学设计译丛"等多个系列翻译丛书。本次能够承担《教育中的人工智能：前景与启示》一书的翻译工作，我们特别要感谢课程再设计中心菲德尔主席对本团队的信任，特别感谢华东师范大学出版社委托我们翻译全书，并在校对、出版过程中对本团队予以极大的支持。本书的出版离不开各位编辑的默默付出。我们对能够将本书介绍给中国读者而感到欣喜。

本书翻译人员与分工情况如下：浙江大学盛群力教授负责全书审订；浙江传媒学院冯建超博士／副研究员负责全书校对，并完成本书第二部分一半内容的翻译；浙江大学教育学院博士生金琦钦和贵州大学讲师、浙江大学教育学院博士生舒越共同完成简介、第一部分、附录一的翻译，舒越还完成了第二部分其他内容的翻译；丽水学院王铭军博士／讲师翻译了附录二。

本书是一本专业性十分强的学术普及著作，翻译和出版过程中难免会有一些差错和不妥，恳请读者不吝指教。

冯建超

2019 年 8 月 10 日于杭州

图书在版编目（CIP）数据

教育中的人工智能：前景与启示 / （美）韦恩·霍姆斯，（美）玛雅·比利亚克，（美）查尔斯·菲德尔著；冯建超等译 . —上海：华东师范大学出版社，2021

ISBN 978 - 7 - 5760 - 0332 - 1

Ⅰ.①教 ... Ⅱ.①韦 ...②玛…③查…④冯… Ⅲ.①人工智能—应用—教育研究 Ⅳ.① G40-057

中国版本图书馆 CIP 数据核字 (2021) 第 145360 号

大夏书系·培养学习力译丛 　盛群力 　主编

教育中的人工智能：前景与启示

著　　者	［美］韦恩·霍姆斯　［美］玛雅·比利亚克　［美］查尔斯·菲德尔
译　　者	冯建超　舒　越　金琦钦　王铭军
审　　订	盛群力
策划编辑	李永梅
责任编辑	韩贝多
责任校对	杨　坤
装帧设计	奇文云海·设计顾问

出版发行	华东师范大学出版社
社　　址	上海市中山北路 3663 号　邮编　200062
网　　址	www.ecnupress.com.cn
电　　话	021 - 60821666
客服电话	021 - 62865537
邮购电话	021 - 62869887　地址　上海市中山北路 3663 号华东师范大学校内先锋路口
网　　店	http://hdsdcbs.tmall.com

印　刷　者	北京汇林印务有限公司
开　　本	890×1240　32 开
插　　页	2
印　　张	10.25
字　　数	211 千字
版　　次	2021 年 11 月第一版
印　　次	2025 年 7 月第六次
印　　数	25 001—27 000
书　　号	ISBN 978 - 7 - 5760 - 0332 - 1
定　　价	55.00 元

出 版 人	王　焰

（如发现本版图书有印订质量问题，请寄回本社市场部调换或电话 021-62865537 联系）

上海市版权局著作权合同登记 图字：09-2019-469 号